やってみよう！人権・部落問題プログラム
行動につなげる参加型学習

一般財団法人 大阪府人権協会 編著

解放出版社

まえがき

　現代社会では、いじめや排除、差別や暴力などの人権侵害が大きな問題となっています。これを解決するために、人権意識を高めるための多様な人権教育や人権啓発が進められており、そのなかでも人権学習や人権研修（以下「人権学習」）の役割がますます重要になっています。

　しかし、これまでの学習では、講演を聞いても人権問題が自分とは遠い問題のようにとらえられて終わることがありました。それに対して、自分にひきつけて考えるための参加体験型学習が導入されるようになりました。ところが、その参加体験型学習が、ただ楽しいだけの学習に終わっている場合もあるということが課題になっています。

　このような課題を克服するために、「人権・部落問題学習プログラム（RAAP〈ラップ〉）」はつくられました。人権学習後の感想が、「いいお話を聞かせてもらいました。これからもがんばってください」という"人ごと"から、「差別をなくすために自分にできる一歩を考えたい」という"我がこと"になる学習をめざしています。人権学習によって、人権問題と自らとのかかわりに気づき、社会のなかで人権尊重のために自らが行動することをめざすプログラムです。

　当協会では、これまで10年以上にわたり、参加体験型による人権・部落問題学習のアクティビティとプログラムを開発してきました。その成果は、大阪府府民文化部人権室発行による『人権学習シリーズ』（vol.1～7）などで発表しています。いずれも部落問題にかかわる実態調査や人権問題の意識調査をふまえて学習課題を抽出し、市民が学びやすいプログラムをめざしたものです。

　この成果から生まれたのが「人権・部落問題学習プログラム（RAAP）」なのです。

　「差別はおかしい」という気持ちを、自分なりの方法で行動に移せる人が社会のあちこちにいると、きっと誰もが住みやすい社会に近づきます。本書のプログラムの実践が、少しでもそんな社会の実現に向けた力になることを願っています。

　　　　　　　　　　　　　　　　　　　　　　　　　　一般財団法人　大阪府人権協会

やってみよう！ 人権・部落問題プログラム　目次

まえがき　3
この本を読まれる前に　6

■プログラム編

人間関係　うわさと差別——ギロン星人の怒り　8
　ワークシート1●ギロン星人の怒り①　10
　ワークシート2●ギロン星人の怒り②　11

人間関係　コミュニケーションのすれちがい——それぞれの受けとめ方　12
　ワークシート1●マル・サンカク・シカク　14
　ワークシート2●それぞれの受けとめ方　15
　ワークシート3●話し合い・ふりかえり　16
　シート（解答の絵）　17

人権概念・多様性　「ちがい」と「差別」　18
　ワークシート●ちがいのちがい　19

人権概念・対立　「暴力の芽」を考えよう　20
　プリント1●単語のリスト　22
　プリント2●暴力の関係性　23

人権概念・平等　「おなじ」と「平等」　24
　ワークシート●運動会で考える能力と平等　26

部落問題　部落問題 これホント？　27
　ワークシート1●部落問題 知ってるつもり!?　28
　解説●答えはすべて「ウソ」です！　29
　ワークシート2●ふりかえり　33

部落問題　話してみようよ部落問題　34
　ファシリテーター用資料●「わたしはここだよ」　35
　ワークシート（事例）●部落問題をめぐってこんな疑問が……　37
　プリント●部落問題をめぐってこんな疑問が……解説・手がかり編　38

■基礎知識編

成人学習とは………**上杉孝實** 44

1　成人学習の意義　44
2　成人学習の内容・方法　45
3　成人学習の特性　46
4　プログラム例　48
5　付記　49

部落問題学習を進めるうえで必要な基礎知識………**森　実**　51

はじめに　51
1　部落問題についての知識　51
2　部落問題をめぐる市民の意識　54

参加体験型学習における「感情」………**大谷眞砂子**　58

1　感情とは何？　58
2　感情が出合う場所　58
3　感情と行動　59
4　感情と変容　59

社会構造と特権………**栗本敦子**　60

1　人権は誰の問題？　60
2　構造的暴力　61
3　自分の立場を知る　61
4　特権　62
5　ファシリテーターとして　63

参加体験型学習を実施する前に知っておきたいこと　65

人権・部落問題学習を参加体験型で進めるQ&A　70

もっと詳しく学ぶために　73

この本を読まれる前に

RAAPは、次のような学習をめざして開発された人権・部落問題学習プログラムです。

```
─────────── RAAPとは ───────────
Rights（権利）…自分と人権・部落問題とのつながりを見つけ
Action（行動）…職場や地域、学校などで、人権を守る行動に結びつく学習を
Active Learning（参加型学習）…参加体験型学習で展開し
Participation（参画）…行動化を通じて社会に積極的にかかわるなど、人権への取り組みを
　　　　　　　　　　　　進める
```

RAAPプログラムは、人権尊重のための「人間関係づくり」と人権問題に共通する「人権概念」、そして具体的な問題である「部落問題」の3つの柱からなっています。

「人間関係づくり」では、人権を大切にするための基礎となるコミュニケーションを学びます。部落問題など個別の具体的な人権課題（縦の糸）に共通する課題である普遍的な考え方を取り上げて学ぶのが、人権概念（横の糸）です。この人権概念として、「多様性」「対立」「平等」などについて学ぶことで、ものの見方や判断の基準について学びます。最後に、具体的な人権課題を考えるために「部落問題」について考えます。

本書に掲載する各プログラムも、学んだことと自分とのかかわりをもとに一歩踏み出すために何ができるかを考える内容となっています。

参加体験型は、確かに既存のプログラムを入手し、実施すれば一応、形は整うでしょう。しかしそれは、車の運転マニュアルだけ読んでいきなり路上運転することに近いのかもしれません。参加体験型が楽しいものだけに終わる、あるいは参加体験型嫌いを増やすことにつながらないためには、プログラムと同時に、その実施を支える理論を学ぶことが必要です。それは、差別を「私とあなたの関係のなかで起こること」だと狭くとらえるのではなく、社会構造上の問題から読み解く大切さを学ぶことでもあります。RAAPプログラムにおける理論学習では、成人学習の基礎知識や部落問題の認識を学びます。また、感情や社会構造と特権、ファシリテーターのスキルなど実践への基礎をつくる内容を盛り込んでいます。

このようにRAAPプログラムでは、人権と自分とのかかわりに気づき、人権問題共通の考え方としての人権概念を身につけて、人権問題の解決に向けてどう行動し、社会に参画するのかを探求します。また、（一財）大阪府人権協会ではプログラムを実施できる力をつけるためのファシリテーター養成講座をおこなっています。

「自分と人権問題とがつながった」「人権のために何かをしよう」そんなことが学べる人権学習を、私たちとともに創造しましょう！

● プログラム編 ●

RAAPプログラムの特徴

人間関係づくり
①うわさと差別
②コミュニケーションのすれちがい
人権を大切にするためのコミュニケーションを学ぶ。

人権概念
①「ちがい」と「差別」〈多様性〉
②「暴力の芽」を考えよう〈対立〉
③「おなじ」と「平等」〈平等〉
各人権課題に共通する概念や視点から、ものの見方や判断の基準を学ぶ。

部落問題
①部落問題 これホント?
②話してみようよ部落問題
具体的な人権課題としての部落問題を真正面から考える。

すべてのプログラムの所要時間は1本90分程度です

人間関係
うわさと差別
ギロン星人の怒り

ねらい
①デマやうわさはどのように発生し広がるのかを考える。
②デマやうわさと差別のつながりについて考える。
③被害を受けた人の気持ちや、どんな状況におかれるのかを考える。
④加害者にも被害者にもなりうる身近な問題として、自分に何ができるかを考える。

キーワード
自己開示・デマ（うわさ）

準備物
ワークシート1～2…1人1枚／A4の白紙1人1枚とグループに1枚

プログラムの展開

5分　共通基盤づくり

ファシリテーターの自己紹介とルールの確認をする。

＊ルール…参加・尊重・守秘

15分　参加者の自己紹介

場との出合い、人との出会いの場とする。

4人程度で1グループになる。A4白紙を1人1枚配付し、まず個人で自己紹介シートを作成する。シートをもとにグループ内で自己紹介をしていく。

＊自己紹介シートへの記入内容
①名前、②趣味（今、楽しんでいることなど）、③この学習に期待すること（または、今の気分）、④デマやうわさから連想すること

40分　ギロン星人の怒り

デマやうわさの発生と差別について、被害者の気持ちを考える。

シート1の配付と読み合わせをする。ファシリテーターが文章の解説をしていく。

ポイント

テレビドラマ、地球政府、投書の関係などを9頁の表のように板書し、補足説明しておくと、シート2の項目を考える助けになる。

シート2の配付と読み合わせをおこない、まずシートへの個人記入をおこなう。

シート2をもとに、グループ討論をおこなう。討論内容をメモするために、グループにA4白紙を1枚配布する。

> **ポイント**
> 正しい答えがあるわけではない、自由な発想で感じたままを書くように伝える。

20分　発表と共有
グループ討論の内容を発表してもらい、話し合いで出された内容を共有する。

10分　ふりかえり
この学習のふりかえりをおこない、学習で得たことを整理する。

---

①100年前　科学者がどの惑星も消滅の可能性があると証明した。
　　　　　異星間条約が締結され、「移住した人は、その星の住人と同じ権利が与えられる」ことが保障された。
②20年前　ギロン星消滅する。
　　　　　テレビドラマが放映された。
　　　　　バロン星人とはギロン星人のことといううわさ…すぐに消えた。
③現在　　デマが広がり、ギロン星人が被害を受けている
（この物語のなかで、ギロン星人は実在しますが、バロン星人はテレビドラマの登場人物です）

ワークシート1　　　　　　　　　　　　　　　　　　　　　　　うわさと差別

ギロン星人の怒り①

●**テレビドラマ**

　ある科学者のおこなった核実験によって、バロン星人はバロン星を失ってしまった。宇宙旅行中の者たちだけが生き残り、生存に適した星を探していたが、青く美しい地球を見つけ、その乗っ取りをたくらんだ。

●**地球政府**

　100年前、どの惑星も消滅する可能性のあることが科学者によって証明された。生命体が存続するためには、異星間の交流と、協力が必要になったのだ。そのため、異星間条約が締結された。条約の第1条には、移住する場合には、その星の住人と同等の権利を保障すると記されている。地球上の各国は、条約をもとに法律の整備をおこなってきたが、それぞれの国の文化や、異星人に対する見方のちがいなどもあり、法の不備が地球政府から指摘されている。

●**ギロン星出身のAさん（匿名希望）からの投書です**

　20年前、ギロン星が消滅しました。星としての寿命でした。あのテレビドラマが放映されたのは、ちょうどその頃でした。消滅前から、美しい地球にあこがれ、多くのギロン星人が地球に移住していました。テレビドラマの放映時期に重なって、バロンはギロンだといううわさが流れましたが、あまりにばからしく、誰も取り上げようとしませんでした。
　わたしたちは言葉を覚え、地球人として生きてきました。
　わたしは大学でギロン星の文化や言葉を教えていますが、最近、学生たちが話しているのを聞いて驚きました。
　「ギロン星人って地球を乗っ取りに来たらしい」
　「切っても血が出ないってね」
　「地球人に化けて、ウイルスをまくらしい」
　「今の地球じゃ暮らしにくいとギロン星人はみな思っているそうだ」
　実に楽しそうに次つぎデマを口にします。

　その後、仲間たちからも、驚くようなデマが広まっていることを聞きました。
　今では、「自分たちがギロン星人だと言いにくい」と誰もが言うのです。
　「自分の問題だけではない、家族、子どもたちが心配だ」
　「生活の問題なのだ」と。
　わたしは、大声で叫びたい。「わたしはギロン星人だ！」と。叫ばない自分に腹が立ちます。
　何よりわたしは、<u>あなたたち</u>に猛烈に怒っています。

©（一財）大阪府人権協会

ワークシート2　　　　　　　　　　　　　　　　　　　　　　**うわさと差別**

ギロン星人の怒り②

Q1　Aさんの投書を読んで、あなたはどう感じましたか？

Q2　なぜ、こんな「デマ」が広がったのでしょうか？

Q3　下線部「あなたたち」とは誰のことだと思いますか？

Q4　Aさんは、実は大学の先生ではありません。Aさんはどんな人だと思いますか？

Q5　「Aさんの怒り」に似たようなことを経験したことがありますか？　経験した人はいますか？

Q6　「ギロン星人って○○らしいよ」と話しかけられたら、あなたはどうしますか？
　　友人であれば？　上司であれば？　いろいろ想像して考えてください。

Q7　このような「デマ」を広げないために、何ができますか？

©（一財）大阪府人権協会

人間関係
コミュニケーションのすれちがい
それぞれの受けとめ方

ねらい
①コミュニケーションのすれちがいを体験する。
②正確な情報の送受信のために必要な要素を考える。
③それぞれの判断基準の特徴や思いこみを知る。

キーワード
コミュニケーション、ステレオタイプ

準備物
ワークシート1～3…1人1枚／シート（解答の絵）…グループに1枚／A4白紙1人1枚／A4とA3白紙…グループ1枚／付せん紙…グループに数枚

プログラムの展開

5分　共通基盤づくり

ファシリテーターの自己紹介とルールの確認をする。

＊ルール…参加・尊重・守秘

10分　参加者の自己紹介

お互いの自己紹介による場との出合い、人との出会いの場とする。

4人程度で1グループをつくり、自己紹介。

＊自己紹介の内容

①名前、②今の気分、③コミュニケーションで大事だと思うこと

15分　マル・サンカク・シカク

グループにA4白紙1枚とワークシート1（裏を向けて）を配付する。グループの1人にワークシート1を見せる。ワークシート1を見たメンバーから残りのメンバーに口頭で図形を説明してもらう。残りのメンバーは質問なしで白紙に描く。描き終わったら残りのメンバーにもワークシート1を配付する。解答を見て、正確に伝えるために必要なことを話し合う。

ポイント
自分の「伝え方」「聴き方」の癖（くせ）に気づく。

45分　コミュニケーションのすれちがい

情報の送受信についての体験と判断基準の特徴や思いこみに気づく。

メンバーを替えて、4人程度で1グループになる。

グループのなかで少ない情報（ワークシート2・メモなし）で参加する人を1～2人

選ぶ。

A4白紙を1人1枚、少ない情報の人以外にワークシート2を配り、ワークシート2と口頭ヒント（「女の子はスカートが嫌い」「頭は丸い」「目は黒丸」）をもとに、個人で絵を描く。

それぞれの描いた絵をグループで共有し、絵を「正解」に近づけるための質問を考える。

質問は付せん紙に書き、ファシリテーターに渡す。

ポイント

正解をめざす作業であることを伝える。

A3白紙をグループに配付し、グループ総意としての絵を描く。

ワークシート3を1人1枚、シート（解答の絵）をグループに1枚配付する。解答の絵を見て、まずワークシート3を個人記入する。その後、ワークシートに沿ってグループで話し合う。

ポイント

共通する誤りの意味と日常とをつなげて考える。

15分　発表と全体のふりかえり

今日の学習を通して得たことを整理する。

全体の流れを見て、参加者の意見をまとめたり、ファシリテーターが感じたことを付け加える。

ワークシート1　　　コミュニケーションのすれちがい

マル・サンカク・シカク

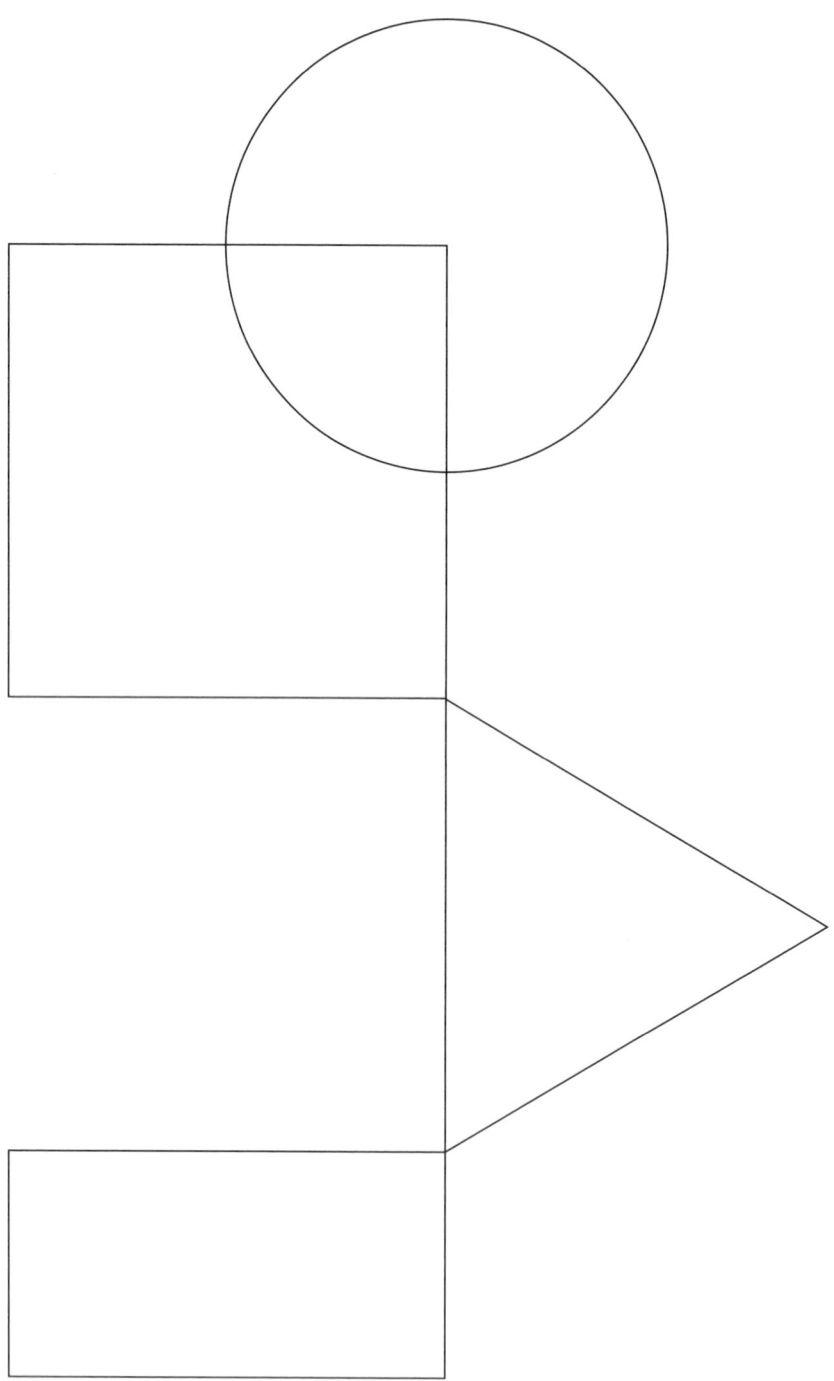

Ⓒ（一財）大阪府人権協会

ワークシート❷　　　　　　　　　　**コミュニケーションのすれちがい**

それぞれの受けとめ方

1	二人の背の高さはちがいます
2	女の子は手に傘(かさ)を持っています
3	男の子は長靴(ながぐつ)をはいています
4	女の子は怒っています
5	男の子は笑っています
6	二人はおそろいのシャツを着ています
7	シャツの柄は斜(なな)めのしま模様(もよう)です
8	男の子の髪は長いです

Ⓒ（一財）大阪府人権協会

| ワークシート3 | コミュニケーションのすれちがい |

話し合い・ふりかえり

①グループの人の絵をみてどう感じましたか？

②グループの人で共通していた誤りはどこですか？
　それは、なぜだと思いますか？

③「怒りの表情」や「スカートが嫌い」という感情（気持ち）に関する情報をどのように表現しましたか？

④②のような誤りが、日常生活で起きることはありますか？

⑤情報を受けとるために大切なことは何でしょう？

Ⓒ（一財）大阪府人権協会

シート（解答の絵） コミュニケーションのすれちがい

解答の絵

©（一財）大阪府人権協会

人権概念・多様性
「ちがい」と「差別」

ねらい
①多様性尊重の基本となる「ちがい」に向き合う姿勢を育てる。
②差別につながる「ちがい」とは何かを整理する。
③人権を守るための多様性の尊重について考える。

キーワード
共通点と相違点、受容、差別と区別

準備物
A4白紙…参加人数分／大きめの紙（A3あるいは半分サイズの模造紙）…グループに1枚／マーカー…各グループ2～3本程度／ワークシートまたはカード…参加人数分

プログラムの展開

5分　共通基盤づくり
ファシリテーターの自己紹介とルールの確認をする。＊ルール…参加・尊重・守秘

15分　「おなじところさがし・ちがうところさがし」
ウォーミングアップを兼ねた、「ちがい」について考える導入の活動。2人1組になり、A4白紙に書いたお互いの共通点・相違点を手がかりに自己紹介し合う。

25分　「おなじ」と「ちがい」について「いいこと」「むずかしいこと」を考える
「ちがい」について、「おなじ」と対比しながら整理して考える。
4人程度で1グループをつくり、大きめの紙を配付し、右の表のようにマスを書く。それぞれにあてはまることを話し合いながら、マーカーで記入する。それをグループごとに発表する。

	いいこと	むずかしいこと
おなじ		
ちがい		

40分　「ちがいのちがい」
ワークシートを配付し、差別につながる「ちがい」とは何かを整理する。
「あっていいちがい」と、「あると危険なちがい」をグループで分類する。次に、「あっていいちがい」「あると危険なちがい」のそれぞれの特徴を考える。そして、多様性として尊重すべき「ちがい」とはどういうものか、差別につながっていく、見すごしてはならない「ちがい」はどういうものかを考え、発表してもらう。

5分　ふりかえり
今日の学習を通して得たことを整理する。

| ワークシート | 「ちがい」と「差別」 |

ちがいのちがい

これはあっていいちがい？　あると危険なちがい？

「あっては"いけない"」とすると、現時点での判断となりがちです。そうなると、「実際にあるのだから仕方がない」「ちょっとひっかかるけど……」というものは「あってよい」にしてしまいがちです。「あると"危険"」としているのは、未来にむけての判断です。「（実際にあるけれど）このままにしておいていいのか？」「よりよい状態をめざすなら受けいれるべきか？」という観点から考えてみてください。

1　伊藤さんは怖い先生の言うことはよく聞くが、怖くない先生の言うことは聞かない。
2　田中さんは中学卒業後ガソリンスタンドで働いているが、横井さんは高校へ進学した。
3　増田さんはどこへでも旅行できるが、車いすに乗っている橋本さんは一人で電車に乗ることができない。
4　女性は16歳で結婚できるが、男性は18歳にならなければ結婚できない。
5　日本では食事のときにハシを使うが、インドでは指を使う。
6　日本で暮らす10歳の有田さんは毎日、学校に行っているが、フィリピンで暮らす10歳のオスカーさんは毎日、路上でガムを売っている。
7　第一中学校の出席番号はすべて男子が先で、女子があとになっている。
8　マラソン大会で、男子は30km走り、女子は15km走る。
9　国会議員は圧倒的に男性が多いが、女性は極めて少ない。
10　両親は妹には食事のあとかたづけを言いつけるが、兄には何も言わない。
11　日本では自己主張するとでしゃばりだと非難されるが、アメリカでは自己主張しないと低く評価される。
12　日系ブラジル人は日本で働くことができるが、他のブラジル人は日本で働くことができない。
13　日本の平均余命は81.6歳だが、アフガニスタン人の平均余命は43.1歳である。
14　韓国に永住する日本人の鈴木さんは韓国の地方参政権があるが、日本に永住する韓国人の金さんは日本の選挙権がない。
15　日本には死刑制度があるが、フランスにはない。

＊「ちがいのちがい」は、『新しい開発教育のすすめ方』「ちがいのちがい」（古今書院、1995年）を参考にした。
＊13は『人間開発報告書2004』国連開発計画（UNDP）より。

人権概念・対立
「暴力の芽」を考えよう

ねらい
①多様性を尊重する社会においては、対立は避けて通れないことを知り、肯定的に向き合う姿勢を育てる。
②対立への向き合い方にはさまざまな方法があり、争いや暴力につながらないアプローチが大切であることを知る。
③暴力につながる考え方や価値観が身近な日常のなかに潜んでいることに気づく。

キーワード
対立、暴力、平和、関係性

準備物
大きめの紙（A3あるいは半分サイズの模造紙）…グループに3枚／マーカー…各グループ2〜3本程度／プリント1…参加人数分と単語ごとに切ったセットをグループ数／プリント2…参加人数分

プログラムの展開

5分　共通基盤づくり
ファシリテーターの自己紹介とルールの確認をする。
＊ルール…参加・尊重・守秘

30分　対立のイメージ
ウォーミングアップと、対立のイメージの共有。
対立でイメージする色で集まってもらい、グループ分けをする。そして、各グループに白紙とマーカーを配付し、対立と聞いてイメージすることを連想図で書いてもらう。それを全体で共有する。

ポイント
対立は悪くない。

30分　平和と暴力ってどんなこと？──見えない暴力
「直接的暴力」「構造的暴力」「文化的暴力」の整理をする。
プリント1を配付し、グループで言葉を「平和」「暴力」で分類する。分類に迷ったものや両方のイメージのあるものを中心に発表、共有する。暴力についてのイメージの共有と、「直接的暴力」「構造的暴力」「文化的暴力」について小講義をする。

15分　対立にどう対応する？
暴力につながる考え方や価値観が身近な日常のなかに潜んでいることに気づく。

「直接的暴力」「構造的暴力」「文化的暴力」の関係をイラストで説明したプリント2を配付する。プリントを見て感じたことをグループで話し合ってもらう。

対立の要素をはらんだ場面を設定し、どのような解決策があるか、できるだけアイデアを出し合い、日常の対立への向き合い方を考える。

10分　今日の学びを川柳で

今日の学習を通して得たことを整理する。

対立への向き合い方や暴力について、気づいたことや学んだことを川柳（五・七・五）にまとめ、発表・共有する。

プリント1　　　　　　　　　　　　　　　「暴力の芽」を考えよう

単語のリスト

＊空欄には思いつく言葉を入れて使ってみましょう

戦争	いじめ	差別	殺人	兵器	軍隊	ハラスメント
死	音楽	オリンピック	家族	涙	経済	政治
メディア	スポーツ	特別扱い	微笑み	握手	友だち	愛
思いやり	演説	討論	対話	多数決	じゃんけん	デモ行進
憲法9条	うそ	成果主義	年功序列	敬語	健康	正義
ヤル気	努力	折り鶴	平和祈念館			

プリント2　　　　　　　　　　　　　　「暴力の芽」を考えよう

暴力の関係性

©（一財）大阪府人権協会

人権概念・平等

「おなじ」と「平等」

ねらい
①身近な運動会をもとに、「能力の差」と「差別」、「区別」と「差別」について考える。
②「特別措置」とは、集団間の実態的差別を是正するための暫定的措置であることを学び、個人間の能力の差に対する措置ではないことを理解する。

キーワード
能力の差、差別、結果の平等、特別措置

準備物
ワークシート…参加人数分／大きめの紙（A3あるいは半分サイズの模造紙）…グループに1枚／マーカー…グループに2～3本程度

プログラムの展開

5分　共通基盤づくり

ファシリテーターの自己紹介とルールの確認をする。

＊ルール…参加・尊重・守秘

15分　ペア・コミュニケーション

ウォーミングアップと運動会を題材とした導入。

2人1組になり、運動会の思い出や、自分が体験した運動会と最近の運動会のちがいを交代で出し合う。

ポイント
パスありなど、内容は本人が選べることを伝える。

50分　運動会で考える能力と平等

運動会における徒競争の方法を題材に、能力の差と平等、差別の概念を考える。

4人程度で1グループになる。ワークシートを配付し、個人で記入をする。その内容をもとにグループで4つの案の良い点・悪い点を表にして話し合う。分析は、ファシリテーターが右のような見本の表を前で書き、参加者がそれを大きめの紙に記入しながらおこなう。

話し合った結果を発表する。

	良い点	悪い点
A		
B		
C		
D		

ファシリテーターから次の2点についてまとめをする。
①能力の差は差別か？（能力の差があることが差別なのか）
②特別措置は何のためにあるのか？

15分 新しいアイデアを考えよう

徒競走に障がいのある子が参加することを想定し、どのような参加が「より良い」方法かを考える。

> **ポイント**
> 話し合う機会をつくることが目的であり、結論を求めるものではない。

5分 まとめ

今日の学習について整理をする。

ワークシート　　　　　　　　　　　　　　　　　「おなじ」と「平等」

運動会で考える能力と平等

　あなたはある小学校で勤務する教諭です。あなたの町では少子化にともない小学校の統廃合が進められています。あなたの学校も、近隣の3つの小学校と合併し、新しく一つの小学校として再出発することになりました。

　ある日の職員会議で、9月に実施される運動会の徒競走の方法について、話し合いになりました。徒競走のやり方が、4つの小学校でそれぞれ異なっていたのです。

　次の表は、4つの小学校での徒競走のやり方を簡単にまとめたものです。あなたの考えに近いものはどれですか？　上位2つを選んで、右の欄に、1番、2番と書いてください。また、その理由を考えてください。

記号	案	個人	グループ
A	A小学校では、名簿順に4人ずつ並べて走らせ、順位をつけていました。走り終わった子は、自分の順位が書かれた旗の所に並び、1位の子は胸にリボンをつけてもらいます。走るのが早かった子は、そのリボンをもらうのを楽しみにしていました。		
B	B小学校では、名簿順に4人ずつ並べて走らせ、タイムを計っていました。しかし、順位はつけません。順位よりも、練習時に計ったタイムと比較して、一人ひとりのがんばりをほめてあげていました。当日に、タイムがグンと伸びた子はとてもうれしそうでした。		
C	C小学校では、事前練習の段階でタイムを計り、同じぐらいのタイムの子どうしで4人ずつのグループをつくっていました。運動会当日は、走力の拮抗した4人を並べて走らせて、順位をつけていました。やってみないと順位がわからないので、競争がとても盛り上がります。		
D	D小学校では、事前練習の段階で計ったタイムによって、スタート地点を4段階に差をつけておきました。その結果、ゴールであまり大きな差がつくことがありません。おかげで、子どもたちは順位にこだわらず、一人ひとりが純粋に走ることを楽しむことができます。		

＊A〜D小学校は、いずれも架空の事例です

部落問題

部落問題　これホント？

ねらい
①部落問題学習に対する構えをほぐしながら正しい知識を伝える。
②部落史研究の成果や、意外と知られていない実態など、オムニバス的にさまざまな情報を提供する。
③あらたな認識をもとに、部落問題に対する態度・行動の変容につなげる。

キーワード
イメージと事実

準備物
ワークシート１～２と解説…参加人数分

プログラムの展開

5分　共通基盤づくり
ファシリテーターの自己紹介とルールの確認をする。
＊ルール…参加・尊重・守秘

20分　互いに聴き合おう
傾聴を通して、聴くスキルとお互いを尊重する姿勢を育む。
内外二重の円形に座り、向かい合わせでペアをつくる。話す側／聴く側を分け、１分交代でテーマについて話す／聴くという体験をする。

50分　部落問題、知ってるつもり!?
部落問題についての知識を得る。
４人程度のグループをつくり、ワークシート１を配付し、個人で記入してもらう。

ポイント
テストではないことを強調する。
記入した結果についてグループで話し合ってもらう。そして、意見が割れた項目、迷った項目、詳しく聞きたい項目などを選んでもらい、各グループから発表してもらう。
解説を配付し、参加者の関心の高かった項目について、時間に応じて解説をする。

15分　文章完成法でふりかえり
今日の学習を通して得たことを整理する。
ワークシート２を配付し、個人で記入してもらう。それを共有する。

＊このプログラムは、八尾じんけん楽習塾で笠原秀己さんが実施されたプログラムを参考に作成。

| ワークシート1 | 部落問題 これホント？ |

部落問題、知ってるつもり!?

　次の項目は、いずれも部落問題について説明しています。それぞれの項目がウソかホントかを判定し、ウソと思うときには項目の前の□に×をつけ、ホントと思うときには○をつけてください。あとで考えを交流し、深めていきますので、自分の答えが正しいかどうかは気にせず考えた通り率直に答えてください。

□1　被差別部落（同和地区）は江戸時代に民衆支配のために他より低い身分が政治的につくられたことに始まる。

□2　日本人が牛肉を食べるようになったのは明治以降である。

□3　被差別部落とは、職業のために「穢れている」などの偏見を受けていた集落である。

□4　江戸時代の農民は、「水呑百姓」などといわれるように、とても貧しく、被差別部落はさらに貧しかった。

□5　明治4（1871）年の「解放令」以降、被差別部落の生活は貧しいながらも少しずつ改善されていった。

□6　部落差別は人種による差別ではないので、国連の人種差別撤廃条約の対象にはならない。

□7　さまざまな理由により、被差別部落の人は、被差別部落の人と結婚することが多い。

□8　人権啓発が進んだことにより、結婚差別を体験する人は減ってきている。

□9　他人の戸籍を閲覧することは法律で保障されている。

□10　大阪の同和地区では約2割が来住者（同和地区出身でない住人）である。

□11　同和向け公営住宅は、一般公営住宅より家賃が安い。

□12　悪気がなくても、被差別部落に関して話したことが「差別発言」と見なされると、集団で責められる。

©（一財）大阪府人権協会

解説　　　　　　　　　　　　　　　　　　　　　　　**部落問題　これホント？**

答えはすべて「ウソ」です！

1　被差別部落は（同和地区）江戸時代に民衆支配のために他より低い身分が政治的につくられたことに始まる。

被差別部落の始まりには、次の考え方が出されており、確定していません。
　1）中世の河原者などが被差別身分となり江戸時代につながった。
　2）近世の江戸時代に被差別身分として再編成された。
　3）近世までは封建制のもとでの身分制であり、被差別部落は近代の明治に入ってからの、いわゆる「解放令」以後を始まりとする。
現代の部落差別は、被差別部落の仕事や生活などが原因で差別が始まったのではなく、差別する側の意図や都合で起こったものです。

2　日本人が牛肉を食べるようになったのは明治以降である。

仏教の殺生を戒める教えの影響で日本では明治まで肉食はされていなかった、と思われているようです。江戸時代は獣肉を食べることが禁止されましたが、武士や庶民も隠れて肉を食べていました。たとえば桜＝馬肉、牡丹＝猪肉です。

3　被差別部落とは、職業のために「穢れている」などの偏見を受けていた集落である。

江戸時代には、職業と身分を固定することで社会を管理しようとするシステムが用いられました。地域によっては病気や死んだ牛馬の処理をする職業の人たちが暮らす集落が被差別部落となっていった事実もありますが、農業を中心とした生活をしている集落が被差別部落となっているところもあり、一概にはいえません。皮革業を主な地域産業としてきた被差別部落はむしろ少数です。

4　江戸時代の農民は、「水呑百姓」などといわれるように、とても貧しく、被差別部落はさらに貧しかった。

歴史研究の進展とともに、江戸時代の生活について、被差別部落のすべてが貧しかったということとは異なる実態が紹介されています。
死牛馬の処理権などにより経済力のある人もいました。皮革の仕事は被差別民の役割とされました。戦国時代の馬の鞍などの需要で必要性が増え、大坂の渡辺村では年間10万枚の皮の取引があったということです。このようなことから前近代も被差別身分は貧しかったと一概にはいえないのです。もちろん、差別と貧困に困難を強いられてきた被差別部落もあります。

5 明治4（1871）年の「解放令」以降、被差別部落の生活は貧しいながらも少しずつ改善されていった。

「解放令」は、法的措置として（戸籍上）「平民」とはしましたが、差別をなくす政策や生活保障などはおこないませんでした。また、皮革産業など、これまで被差別部落がおこなってきた産業に民間の大資本が参入し、経済的に圧迫されるようになりました。死牛馬の処理権などは剥奪（はくだつ）されました。

しかも、日常生活では慣習的な差別が「解放令」以前と変わらず機能し、日常の生活、祭礼、就労などさまざまな差別が被差別部落の人たちの生活を苦しめたのです。

6 部落差別は人種による差別ではないので、国連の人種差別撤廃条約の対象にはならない。

人種差別撤廃条約は、1965年に国連で採択され、1996年に日本でも発効しました。第1条には、「『人種差別』とは、人種、皮膚の色、世系（せいけい）又は民族的若しくは種族的出身に基づくあらゆる区別、排除、制限又は優先」と定義されています。「世系（descent）」にもとづく差別とは、「カーストおよび類似の先祖から引き継がれた地位の制度のような、社会の形態にもとづいた集団の構成員に対する差別を含む」とされており、日本の部落差別も該当するといわれています。ただし、日本政府はまだこれに該当するとの見解は示していません。

7 さまざまな理由により、被差別部落の人は、被差別部落の人と結婚することが多い。

以前はそうした傾向がありましたが、現在は変わってきています。大阪府の2000年の「同和問題の解決に向けた実態等調査」によれば、被差別部落（同和地区）に暮らしている夫婦のうち、「夫婦とも同和地区出身」が21.1％であるのに対し、「一方が同和地区出身」が45.7％となっており、とくに29歳未満では約69.3％が「一方が同和地区出身」つまり、他方は被差別部落外の出身です。また、「夫婦とも地区外出身」も26％あります。

全国で見ると、1993年の「同和地区実態把握等調査」では、「夫婦とも同和地区出身」が57.5％で、「夫婦いずれかが同和地区外」が36.6％と、「夫婦とも同和地区出身」のほうが多いのですが、若い世代の29歳未満では「夫婦いずれかが同和地区外」が67.5％となっています。

8 人権啓発が進んだことにより、結婚差別を体験する人は減ってきている。

7のように、被差別部落出身者と、そうでない人が結婚するケースは増えるなか、結婚差別は依然として残っています。

大阪府の2000年の「同和問題の解決に向けた実態等調査」では、結婚のときに差別を体験した人が、40〜59歳では19.7％であるのに対して、若い世代である15〜39歳では24.7％

と高くなっているのです。

　このように、結婚のときにはじめてあからさまな部落差別を体験する被差別部落出身者も多くいます。日常的な場面では差別がなくなったように見えても、「被差別部落の人と友だちづきあいはするけど、結婚はできない」というように、関係が近くなると根強く残っている差別意識があらわれる、ということが残念ながらあります。

9　他人の戸籍を閲覧（えつらん）することは法律で保障されている。

　戸籍閲覧をめぐっては、差別的な意図をもって戸籍閲覧をおこなっている実態があることから、1976年に公開が制限され、本人の了解なく他者の戸籍を見ることはできなくなりました。例外として、下の8つの業種＊のみ閲覧が認められています。

　2004年12月に戸籍の不正取得事件が発覚しました。調査依頼をされた興信所が、その調査のため行政書士に戸籍の入手を依頼しました。行政書士は職務上請求書を利用し、戸籍を取得していたのです。また、新たな「部落地名総鑑」も発見されています。

　差別につながる戸籍入手を防止するために、2008年5月に戸籍法が改正され、原則非公開となりました。交付を受けられるのは、本人と家族、8業種（請求理由が正当と認められる場合のみ）となりました。また、本人確認の必要、虚偽・不正での罰則強化がなされました。

＊業務8業種…弁護士、司法書士、土地家屋調査士、税理士、社会保険労務士、弁理士、海事代理士、行政書士

10　大阪の同和地区では約2割が来住者（同和地区出身でない住人）である。

　大阪府の「同和問題の解決に向けた実態等調査」（2000年）によると、同和地区内に住む人びとのうち被差別部落に生まれた人は55.6％で、36.7％は地区外で生まれた人です。同和地区出身でない住人は増えており、4割くらいになっています。もともと、同和地区とは行政が部落差別解消の施策を実施するにあたって、その対象地域を特定するために規定された地区の名称です。

　被差別部落出身でなければ、同和地区に住んでいても部落差別をうけることはないか、といえば、そうではありません。逆に、地区外に住めば、被差別部落出身でも差別をうけないか、というと、それもちがいます。差別は、「差別する側」が都合よくその対象を決めているのです。

11　同和向け公営住宅は、一般公営住宅より家賃が安い。

　現在、「同和向け公営住宅」は存在しません。部落問題における特別措置法（地域改善対策特定事業に係る国の財政上の特別措置に関する法律）が2002年に失効（しっこう）したことに伴い、同和地区内の公営住宅については、一般の公営住宅と同様、立地や形状、世帯の収入に応じた家賃制度となっています。また、入居も同和地区内住民にかぎっての募集ではなく、広く募集がおこなわれています。

12　悪気がなくても、被差別部落に関して話したことが「差別発言」と見なされると、集団で責められる。

　部落差別にかぎらず、差別的な言動かどうかは、発言者（行為者）の意図によってのみ判断されるのではありません。差別とは、社会的な力関係を背景としており、「発言者の意図」「多数派の意識・感覚」をもとに「そんなつもりはなかった」「多くの人はそう受け取らない」ということを判断基準としていては、少数の社会的弱者の思いはいつまでたっても尊重されないのです。差別される側が、状況を定義づける力を取り戻すことは、差別問題に取り組むうえでとても大切です。

　同じ立場の仲間と力を合わせなくては、弱い側におかれている人が声をあげるのは困難です。傷つけられたことに対してはくやしさや怒りがこみあげるのも当然でしょう。ところが、差別された人たちが力を合わせて、怒りをこめて声をあげると「集団で責められる」「怖い」と言われ、さらに避けられてしまう悲しい現実があります。「あなたの言ったこと（したこと）でわたしは傷ついた」と言われるのは、誰しも心地よいものではありません。しかし、その指摘がなければ、自分の言動が相手にどんな影響を与えたのか、知ることはできません。指摘するしんどさ、指摘されるしんどさを引き受けながら、お互いに対等な関係をつくっていきたいものです。

©（一財）大阪府人権協会

ワークシート❷　　　　　　　　　　　　　　　　　　　**部落問題 これホント？**

ふりかえり

わたしが気づいたのは、

わたしがあらためて学んだのは、

わたしがおどろいたのは、

わたしにとって必要だとわかったのは、

わたしがこれから実行しようと思ったのは、

その他、気づいたこと、感じたこと、学んだことで書いておきたいことは、

＊『いっしょに考えて！人権』（角田尚子・ERIC国際理解教育センター著）を参考に作成。

部落問題
話してみようよ部落問題

ねらい
①周りにある率直な疑問から出発して部落問題について話し合う機会とする。
②話し合いと解説によって理解を深める。
③発展として、部落問題を避ける理由、避けることによる自分たちの不利益などを考える。

キーワード
問題解決プロセス、忌避、ブレーンストーミング

準備物
ワークシート（事例）と解説…1人1枚／模造紙とマーカーセット…グループ数

プログラムの展開

5分　共通基盤づくり
ファシリテーターの自己紹介とルールの確認をする。＊ルール…参加・尊重・守秘

10分　「わたしはここだよ」
差別問題にかかわって自分のなかにある矛盾や葛藤を本人が自覚する。
部屋の中央ライン上に立ってもらい、ファシリテーターからの問い（ファシリテーター用資料）への答えに応じてイエス側かノー側へ移動する。

20分　疑問例を深めて考える
部落問題に対する参加者自身の思いや疑問を出し合う。
4人程度のグループに分かれ、ワークシート（事例）を配付する。シートの疑問を手がかりに、自分にとって重要な疑問を出し合う。グループで出た内容を交流する。

30分　疑問への返事を考える
部落問題に関してよく出される疑問の背景を考えてみる。
関心を寄せる疑問ごとにグループになり、その疑問への答えを考えてみる。模造紙とマーカーを配付し、話し合いのポイントや疑問への返事や対応を書く。

ポイント
その疑問をもっている具体的な人物像を明確化あるいは想像をふくらませることができれば、返事も考えやすいことをアドバイスする。

25分　発表と交流
活動で考えたことを交流し、その後に解説文を配付して必要な範囲で説明する。
できれば、自分たちの周りで今回のような話し合いはあるか、ないとすればなぜか、ないことによる自分たちの不利益は何かといった疑問を投げかけ、話し合う。

ファシリテーター用資料　　　　　　　　**話してみようよ部落問題**

「わたしはここだよ」

　この活動は、とっさの判断で行動するということがテーマです。私たちは、普段の生活で、さまざまなできごとに対して対応するために、ほんの一瞬しか時間を与えられないことが数多くあります。とった行動について、説明する余裕さえないことも少なくありません。そこで、この活動でも、次々と質問をして、みなさんにとっさの判断を求めます。

　それぞれの質問のすぐあとに、感想を尋ねたりはしません。あとでまとめて、感じたことを述べてもらいますので、それまでは黙って一言も発することなく判断し、行動してみてください。

　次にあげるいろいろな質問について、あなたはどんなふうに答えますか。「その通り」という人はこの部屋の前のほうに、「正反対」という人はこの部屋の後ろのほうに移動してください。どの程度強く思っているかに従って、どれぐらい前に行くか、後ろに行くかは自分で決めてください。

　それでは尋ねます。質問は全部で12個あります。

1　夏は大好きだ。
2　今日は元気だ。
3　健康は大切だと思う。
4　普段から十分に食事・睡眠・運動をとっている。
5　震災被災者への支援は重要だ。
6　被災地に行って支援活動をした。
7　家事は男女で分担すべきだ。
8　わたしは普段から食事を作っている。
9　偏見をもつことは望ましくない。
10　わたしには偏見があると思う。
11　部落差別にかかわる偏見はただすべきだ。
12　部落への偏見を含んだ発言に対しては、つねづね反論・説得している。

　そのときそのときの時事的な事柄や、参加者の特徴や関心、講座全体の目的や位置づけなどにより、質問文は変える必要があります。

他の質問候補
- 障がい者問題は重要な課題だ。
- 日常的に障がい者との接点がある。
- 部落差別・女性差別・障がい者差別は同じぐらい重要だ。
- 部落差別・女性差別・障がい者差別にわたしは同じぐらい取り組んでいる。

＊この活動は、ADLによるアクティビティ「Here I Stand」を参考にした。

ワークシート（事例）　　　　　　　　　　　　　　**話してみようよ部落問題**

部落問題をめぐってこんな疑問が……

活動の意義と進め方

　部落問題学習では、よくある疑問がそのままにされ、答えてもらえないままに進んでいる場合があります。みなさんはどんな疑問を抱いているでしょう。次のなかに、自分の抱いている疑問や、関心のある疑問に近い項目を探し、同じ疑問について考えたいと思う人どうしでグループをつくって、その疑問についてどう整理すればよいのかを考えてみましょう。

- まず、ランダムな4人ほどのグループでこれらの疑問について自分の関心や問題意識を出し合います。
- 次いで関心のある疑問ごとにグループを設定し直して、いずれか一つの疑問について、それをもつ人にどう答えるかを考えます。

1　「部落民」「部落出身者」とは、どのような人をさすのでしょう。部落から出て外に住むようになったら、もう「部落民」ではなくなるのではないでしょうか。

2　以前は「部落出身者としての自覚」などといっていましたが、今の時代でも、そのような自覚が必要なのでしょうか。

3　同和教育をやればやるほど逆効果ではないでしょうか。学校などで教えなければ部落差別もなくなると思うのですが。

4　部落で交通事故を起こすと、むちゃな要求をされると聞いたことがあります。そんな話を聞くたびに、部落問題にはあまり近づきたくないと思います。

5　わたしは差別しません。周りにも、差別をする・差別発言をする人はいません。そんなわたしがこの学習に取り組む必要があるのでしょうか。

©（一財）大阪府人権協会

プリント 話してみようよ部落問題

部落問題をめぐってこんな疑問が……
解説・手がかり編

1 「部落民」「部落出身者」とは、どのような人をさすのでしょう。部落から出て外に住むようになったら、もう「部落民」ではなくなるのではないでしょうか。

　いろいろな答え方がありえますが、端的にいえば、誰が部落出身者であるかを「決める」のは、部落差別をする人です。言い換えれば、どのような人でも、部落差別をされるおそれはあるということです。

　たとえば、インターネット上のあるサイトで、「○○地域は被差別部落」という情報が掲載されていました。しかし、その地域は、歴史的にいって江戸時代以来の差別をうけてきた地域ではありませんでした。なかには明治時代になってから形成された被差別部落もありますが、書かれていた地域はそういう地域でもありません。ですからそれはまったくの誤った情報だったことになります。

　このように、どのような地域を被差別部落とするのかは、差別する人たちによってどんどんと発信され、解釈されているのが実態です。差別をする人たちにとって、それぞれの情報が歴史学的にいって正しいかどうかは重要ではありません。差別する人は、「とにかく部落には近寄らないようにしよう」という発想が強く、なかには「疑わしきは差別する」とでもいうような発想をもっている人もいます。

　結婚や就職にあたって、身元調査をする家族や企業があります。その場合、探偵社や興信所に依頼する例も少なくありません。では、探偵社や興信所が調べてきた結果は「正しい」といえるのでしょうか。あなたにはその判断力がありますか。あるのなら、そもそも他の人に依頼して調査してもらったりすることはないですよね。

　それでは、結婚や人事などという重要な決断について、根拠の薄い情報に頼ることでプラスになる場合はあるのでしょうか。しかも、その情報は、その人自身の人格や資質、能力などと関係のない情報です。自分自身がつきあってきた経験、自分が直接その人と話して得た評価、そのときそのときの場面におけるその人の行動などから直接に判断することを捨ててまでそのような情報に頼るのはなぜでしょう。どんなプラスがあるのでしょう。

　ちなみに、大阪府内の同和地区内に住んでいる人においては、同和地区内で生まれた人は約半数にとどまります。同和地区内で生まれた人についても、「先祖をたどれば江戸時代のかわた身分に行き着く」という人はごく一部です。逆に、同和地区に生まれて地区外に暮らしている人はかなりの人数に上ります。

このように、あいまいな情報で、根拠のないことによって人を評価し判断するような組織や個人がいるとすれば、そのような組織や個人が他の問題について適切な判断を下すとは考えにくいのではないでしょうか。いったい、差別情報に振り回されることによって得られるプラスとは何なのでしょう。

2　以前は「部落出身者としての自覚」などといっていましたが、今の時代でも、そのような自覚が必要なのでしょうか。

　「部落出身者としての自覚」として、あなたはどんな内容を思い浮かべるでしょうか。この疑問について考えるときの第一歩は、「自覚」と呼んでいる内容として何を思い浮かべているかということです。

　それと関連して述べれば、「自覚」を端的に述べたといわれる水平社宣言では、自覚に関連して次のように言っています。

　「吾々がエタである事を誇り得る時が来たのだ」

　「人の世の冷たさが、何んなに冷たいか、人間を勧（いたわ）る事が何んであるかをよく知ってゐる吾々は、心から人生の熱と光を願求禮讃（がんぐらいさん）するものである」

　つまり、「自分たちは、差別の悔しさを身にしみてわかっており、どうすることが人をホントの意味でいたわることであるかをよく知っているから、あらゆる差別をなくしていこうとするのだ」ということだといえるでしょう。だとすれば、これは「自分は差別されるのだということの自覚」ではなく、「差別をなくす使命をもって生まれたのだ」という自覚です。

　水平社宣言以後の運動や教育が求めてきた自覚も、同様に、「差別をなくすという使命の自覚」に他なりません。このような使命の自覚は、人を元気にすることこそあれ、本人にとってマイナスになることはありえません。

　自覚には、自分の加差別性に依拠した自覚もあります。部落出身者であれば一切の差別をしないというわけではありません。「使命の自覚」のない場合、部落出身者が差別をすることはいくらもあります。ときには、部落出身者が部落を差別することもあります。現在活動している人のなかにも、若かった頃の自分をふりかえって「わたしは自分の生まれ育った地域を差別してきた。同じ地域出身の友人を差別した」と言っている人がいます。その人が差別してしまったのは、自分が差別されたくなかったからです。しかし今、その人は、そうしてきたことによって自分が失ってきたものを自覚し、それを取り戻すためにも、「自分が差別してきた」という過去を背負って生きていこうとしています。

3　同和教育をやればやるほど逆効果ではないでしょうか。学校などで教えなければ部落差別もなくなると思うのですが。

　部落問題学習を進めるうえでこの疑問はよく出され、「寝た子を起こすな」論などと呼

ばれてきました。

　1993年に政府がおこなった全国調査によると、38％の人たちがそう答えています。また、2000年に大阪府のおこなった調査でも府民の37％が、差別をなくすうえで「そっとしておけば自然に差別はなくなる」という意見が「非常に重要」「やや重要」と答えています。2つの調査のいずれでも4割近い人がこの意見をもっていることがわかります（この4割近い人が賛成しているという数字は、その後もほぼ変わっていません）。

　ところが、大阪府の調査で「同和問題学習をしたことがある」と答えた人に対してどのような内容を学んだのかを尋ねたところ、「自然解消論（ほおっておけばなくなるという考え）の誤り」を学んだという人は、7％（回答者全体の3％）にとどまりました。この考えについてわかりやすく学べるようにすることは、急務だといえます。

　この考えは一見もっともそうですが、少し検討するとさまざまな問題が浮かび上がってきます。あいまいな意見なので、これを大きく二種類に分けたうえで説明しましょう。一つは、あらゆる組織や個人が部落問題について一言も語らないようにするべきだという意見です。これは、徹底した「寝た子を起こすな」論だといえるでしょう。もう一つは、学校や行政、マスコミや運動団体など公的な機関が部落問題について語らないようにするという意見です。

　まず後者の、学校や行政、マスコミや運動団体などが部落問題について語らないようにするという限定的な「寝た子を起こすな」論について考えてみましょう。先の政府調査によれば、部落問題を知っているという人が81.3％で、そのうち、学校で学んで知ったという人は、19％にすぎません。家族など身近な人から聞いたという人が32％となっています。しかも、家族などからの情報は、差別を助長するような内容の多いことがわかっています。全国調査と同様、2000年の大阪府調査でも、回答者の86.5％が部落差別があることを知っています。この状態で学校など公的な機関が部落問題について正確な情報を提供しなくなったとしたら、偏見が広がるおそれがあるのです。

　もう一つの、あらゆる人が部落問題について語らないようにするという徹底した「寝た子を起こすな」論についてはどうでしょうか。この考えの問題点は、実際そうするためには何が必要かを出し合ってみればわかります。この意見は、実践することがほぼ不可能なのです。

　ただ、「寝た子を起こすな」論の背景には、自分の受けた同和教育への疑問があることも忘れられません。2000年の大阪府民調査によると、同和教育を経験した人のうち、51％が「受けてよかった」、26％が「受けたことはよいが、内容を改善すべき」だと答えており、両方をあわせると77％になります。一方、「受けない方がよかった」という人は7％です。過半数の人たちが同和教育を肯定的に見ています。ただし、改善すべき点があることもわかります。では、どんな学び方をすれば、プラスになるのでしょうか。「教えるべきか、教えないべきか」と考えるよりも、「どんな教え方が望ましいのか」と考えるほう

が、物事を前進させることにつながります。調査結果をふまえ、お互いの経験をふりかえりながら、どうすれば同和教育がより実りあるものとなるかを話し合ってみませんか。

4 部落で交通事故を起こすと、むちゃな要求をされると聞いたことがあります。そんな話を聞くたびに、部落問題にはあまり近づきたくないと思います。

　うわさについては、原理的・論理的に考えることもできますし、実験的・体験的に考えることもできます。このうちの後者、実験的・体験的に考える方法としては、大阪府人権協会が編集した人権学習シリーズ『ちがいのとびら』に掲載されている「"うわさ"をよむ」という活動をしてみることをお勧めします。そうすれば、うわさについての自分の受けとめ方を考え直すことができます。ここでは、原理的・論理的に考えることにしましょう。

　「部落で交通事故を起こしたら、むちゃな要求をされる」を一般化するためには、論理的にいえば、日本全国の被差別部落を回って、すべての交通事故を洗い出して、そのときに部落の人が「むちゃな」要求をしたことを証明しなければなりません。うわさを流している人は、まずそのような調べ方はしていません。

　そのようなうわさを広げている人は「実際にそういう例があった」と言っている場合もあります。それならば、次に「その交通事故というのは、いつ、どこの部落であった事故ですか」と尋ねてみることもできます。すると、多くの場合、それさえも言えない、つまり、元となった事実をあげることができないという事態に出くわします。

　「このうわさは、誰かを追い込む内容を含んでいる」と感じたときには、上のように、どこまでが事実なのかを確かめたうえ、他の人には流さない、自分のところでそのうわさをせき止めるということが重要になります。もしも自分自身のなかに、それでもうわさに関連して疑問が残ったり、部落を避けようという気持ちが残っているなら、直接部落に出かけていって、実態に即して学ぶことをお勧めします。

5 わたしは差別しません。周りにも、差別をする・差別発言をする人はいません。そんなわたしがこの学習に取り組む必要があるのでしょうか。

　自分は差別するつもりがないという人も、さまざまな角度から差別とのかかわりを考えることができます。

　第一に、知らないうちに差別してしまっていたり、傷つけてしまったりしている場合はないかということです。たとえば、わたしたちは、何気なく自分の住んでいるところや故郷の話をします。ところが、部落出身や在日韓国・朝鮮人であることを隠している人にとって、その話は「何気なく」できるような軽い話ではありません。また、友だちどうしで話していて差別的な話題になったとき、あなたはその問題点をはっきり指摘しているでしょうか。知らなければ、自他の言動に問題を感じることも、指摘することもできません。その場に出身者がいたとしたら、差別的な意見を言った人だけではなく、差別的な意見を見

過ごした人も差別する人と同じように見えてしまうものです。

　第二に、部落の人の思いと自分の思いが重なるという点です。あなたは、自分の生まれた家庭や親の姿に否定的な気持ちや嫌悪感を抱いたことはないでしょうか。「何でこんな家に生まれてきたんだろうか」「友だちを家に呼びたくない」などと子どもの頃に感じたことはありませんか。また、自分の性格にゆがみや弱さを感じることはないでしょうか。「言いたいことがあっても、ついつい引きこもってしまう」「弱味を人に見せたくないと、突っ張ってしまう」といったことはないでしょうか。

　このような「自分の弱味」は、多くの場合、家族の経済状況や仲のよさ、住宅の豪華さなど「幸せ」を計る社会のものさしに照らして自分自身や自分の家庭を計るところから生じます。ものさしが正しいかどうかを疑わずに、そのものさしに縛られている、つまり自分を差別することにつながる価値観を自分自身が内面化してしまっているということです。もしもこんな思いをもったことがあるなら、あなたもこの社会の差別と無関係ではないといえるでしょう。

　第三の手がかりは、部落出身者が差別を乗り越えて、ある意味で差別から解放されて生きている姿そのもののなかにあります。

　「小さい頃は親が嫌いでたまらなかったが、解放運動にふれ、運動のなかで生きるようになって、親が厳しい差別のなかでふんばって自分を育ててくれたことがわかるようになり、親をいとおしく思うようになった」

　「出身を隠して小さくなって、人の心の底を疑い脅えながら生きてた頃はしんどかった。運動するのもしんどいが、隠すよりずっとやりがいのあるしんどさだ」

　「部落出身だということを隠さずに生きていたら、ホンモノの人間に出会えるからうれしい」

　こう力強く言えるのは、解放運動が悩みを社会的に解決してきたからです。こんな生き方にふれることによって、差別意識に縛られている自分の小ささに気づかされます。ふっきれた姿にあこがれる、これが自分と部落問題を結びつける手がかりです。

　自分になかなかつながらないという人のなかには、実態をとらえきれていない人も少なくありません。厳しい実態を知るとき、自分はこのままでいいのかという自分自身への問いなおしが強まります。この思いが強ければ強いほど、自分と部落問題とのつながりを求める気持ちも強くなります。まずは、実態＝差別の現実から出発することでしょう。

©（一財）大阪府人権協会

基礎知識編

成人学習とは

上杉孝實

1 成人学習の意義

歴史を創る主体

　おとなも学ぶということは古い時代から当たり前のことでしたが、近代になって子どものための学校が普及するにつれて、教育とか学習というと子どもを中心に考える傾向が強まりました。それでも、学校教育の機会が十分でなかった民衆の教育が成人教育運動となって広がり、今日では1985年のユネスコ国際成人教育会議で出された「学習権宣言」に見られるように、すべての人が人間らしく生きるのに不可欠であり、歴史を創る主体となるために必要な学習を保障することが権利として宣言されています。

　通常「ペダゴジー」という言葉が教育学を意味する語として使われていますが、これは子どもの教育を中心としているとして、おとなの教育学を意味する「アンドラゴジー」が提唱され、主体的な学習への援助に力点がおかれてきました。もっとも、近年は、このようなおとなの学びは子どもにも適用できるとさえいわれるようになっています。

相互教育

　しかし、程度の差であっても、成人は子どもとくらべ、いくつかの特徴をもっています。成人の学習を促進するには、子どもの教育とまったく同じようにすればよいとはいえません。たとえわからないことを教えられるときであっても、おとなが子どものように扱われることには、問題があります。それぞれ経験を重ねて人生を歩んできたのであり、そのことを大切にすることが求められます。まして、人権学習にあっては、学習を通して人権の確立がはかられなければならず、学習者の人権尊重が基本になります。学習援助に当たる人も、学習者を理解し、そこから学ぶことも多いのであり、相互教育の場とすることが望まれます。

見方の変化

　成人学習論では、おとなの学びの意味として、これまで自明としていた見方を、そうでないかもしれないと気づき、なぜそのような見方をするようになったかをふりかえってみて（省察して）、新たな見方をすることができるようになることを重視する傾向があります。
　部落問題学習など人権問題学習やそれらを通じての人権学習は、まさにその典型的な学

習と考えられます。

　成人の場合、長年培ってきたものが多いだけに、学習の場合も、これまですでにもっている見方に近いものを選択することが多くなりがちです。先有傾向の強化といわれる現象です。これでは、新しい見方や発展した見方を得ることが困難になります。複数の文化のなかに生きることになる場合、葛藤にさらされることもありますが、今までと異なったとらえ方に気づき、新たな認識が生まれることにもなりやすいのです。異郷で暮らす人、留学生、子どもとおとなの境にある青年などはマージナルマン（境界人）といわれますが、異なった文化を経験することで、今までの自明としていたものがそうでないことに気づきやすい立場にあります。学習は、人びとをこのような立場におくことによって、発展的なものになります。このような場面を意図的に用意するところに、学習支援者の役割があります。

2 成人学習の内容・方法

立場による差異

　成人が学ぶ内容には、答えがひとつでなく、多様な考え方があるものが少なくないのであり、いろいろな考え方に触れるなかで、それらを総合したり、より適切な考えに至ることが望まれます。当初は、自分のおかれている立場や、これまで身につけてきたものとか経験してきたことにとらわれて、そこから生じる考えにこだわることになりがちです。それを全面否定するのでなく、その考えの生じたゆえんを把握したり、他の立場に裏付けられた考えとも交流を進めることによって、より深い考えに向かうことが可能となります。

話し合い学習

　このような学習は、一方的に話を聞くよりも、話し合いを通じてよりよくなされるもので、成人学習ではこのような相互のやりとりでの学びが重要です。しかし、自分の意見を表明したり、話し合いをすることが苦手な人もあります。知らない者どうしでは話しにくいことがありますが、反対に知っている者どうしだから本音で話しにくいこともあります。話し合いは大切であっても、話すことを強制することは適切ではありません。また、話し合いでは問題の掘り下げが不十分になることもあります。各自の経験の交流だけでは、問題の背景に迫ることが容易でないことがまれではありません。講義も必要であり、多様な方法を組み合わせることが大事です。学習効果を上げるには、積み重ねがいります。学校教育では、継続的な取り組みが普通ですが、社会教育では単発的なものも多く、1回の話し合いで学習が終わっては成果が感じられないことがあります。1回のなかでも、講義を先にしてあとで話し合いを入れたり、その逆にしたり、方法に工夫を凝らし、あとの学習のきっかけをつくることが必要です。

必要と要求

　学びたいとして学習者が要求する課題を要求課題、要求としてはあげられていないが学習機会の提供者が必要と考える課題を必要課題とすることがあります。よく人権問題などはこの必要課題として位置づけられます。ただし、要求課題は要求としてあがっている以上必要課題ではないとはいえないでしょうし、必要課題のすべてが意識されているとはかぎらないとしても、要求とならないわけではありません。多くの人が人間らしい生き方を求めているのであり、そのことを具体的に意識すると要求になる可能性は高いのです。どのように要求課題をきっかけに潜在的にあるニーズを引き出すかが課題となります。

　たとえば、料理でも、食品公害や食材供給における南北問題がからんでいて、プログラムの工夫でこれらの問題を学習することができます。服装についての学習でも、流行現象とともに身分統制や地位顕示の機能を学ぶことができます。

課題提起型学習

　学習内容によって方法も異なってきますが、成人の学習では、単に知的好奇心からの学習や知識の蓄積のための学習以上に、ブラジルの教育者フレイレが強調したように、自らの直面している問題・解決が求められる問題を取り上げて考えるといった課題提起型学習が重要で、具体的な事例に即して考察する事例法が有効です。学習援助者と学習者との対話を通じて、あるいは学ぶ者のコミュニティ形成によって、学習が展開されます。学習における情動的側面にも目を向けることが、実践につなぐためにも重要であり、ロールプレイなど身体的表現を伴った学習も有意義です。学習集団も情動的につながりがあるほうが話し合いが容易になりますが、異見が出ないと、同調過剰になったり、学習の発展が乏しくなることもあります。したがって、立場の異なる人がまじり合う集団も大切であり、また学習援助者が異見を意識的に出したり、問題を投げかけることが必要です。

3　成人学習の特性

　成人学習の特性には多様なものが考えられますが、次のものをあげることができます。

（1）学習者としての成人の特徴

- 成熟が期待されている。
- 経験が豊富である。
- 役割意識が強い。
- 立場に拘束されやすい。
- 生活の担い手である。
- 自立した存在と見なされることを望む。

- 見方が固定化される傾向がある。

（2）成人学習のねらい
- 多様な見方のあることに気づき、部分的把握から全体的把握に近づく。
- 身近な問題も社会的・歴史的に規定されていることに着目する。
- 現在の自分や社会がつくられたものであることに気づき、つくりかえの方向を探る。

（3）成人学習のポイント
- 経験に即して学ぶ。
- 生活・役割との関連を重視する。
- 具体的な事例に即して学ぶ。
- 実践とつなぐ学習をする。
- 主体的学習を進める。
- 相互教育を促進する。
- 必要課題のなかの要求課題を手がかりに掘り下げた学習をおこなう。
- まず受容的雰囲気が必要である。
- 開放的な状況を整える。
- 自分とその社会的背景について学ぶ。
- 変化の可能性について学ぶ。

（4）学習援助のあり方
- 問いかけなどによって相互の話し合いを促進する。
- 学習者の多様性に配慮して少人数教育をおこなう。
- 各種資料・話題等の提供をおこなう。
- くつろいだ場を用意する。
- 諸問題の関連付けをおこなう。
- 学習主体の教育主体化をめざす。

（5）成人学習の過程
- 問題意識を明確にする。
- 経験の交流をおこなう。
- 資料・情報の提供をおこなう。
- 問題を掘り下げ、省察をおこなう。
- 得られたものを整理し、実践につなぐ。

（6）成人学習の例
- 共同学習…生活問題を取り上げて、その解決をめざして小集団で話し合いながら学ぶ。
- 生活記録学習…生活問題について各自の書いたものを読み合い、話し合って学ぶ。
- 生活史学習…各自の人生記録を読み合って、社会の動向など背後にあるものを考える。

（7）成人の人権学習
- 自由・平等・人間の尊厳など人権を具体的に学ぶために人権問題学習を進める。
- さまざまな人権の相互の関係について学ぶ。
- 抑圧委譲、過剰同調、流言など差別にかかわるもののメカニズムを明らかにする。
- 傍観者の機能など人権を関係性においてとらえる。
- 市民性の学習と関係づけて学ぶ。
- 人間性追求の文化活動と重ねて学ぶ。
- さまざまな学習を人権の視点から進める。

4 プログラム例

「豊かな人間関係を築く」

①人間関係を規定するもの
　人間関係を規定する慣習などについての講義
　人間関係を阻む事例を出し合っての話し合い

②流言、うわさ話、伝聞の問題
　話の伝達実験（体験）、伝聞による判断の事例を出し合っての話し合いと講義

③偏見、固定観念からの脱却
　写真・絵などを見ての判断についての実験（体験）、思いこみの事例を出し合っての話し合いと講義

④開かれた人間関係――抑圧からの解放
　抑圧委譲のメカニズムについての講義と話し合い

「安全なくらし、住みよいまちづくり」

①災害から生活を守るには
　住民みんなにとってまちが行動しやすいものになっているかどうか、地図を見ながら話し合い、問題の個所に印をつけるなどの共同作業、防災についての意見交換と講義

②情報社会における人権
　情報格差の問題、プライバシーをめぐる問題、メディアのあり方、身元調査などについて、実例にもとづいての話し合いと講義

③人権尊重のまちづくり
　　人権侵害の事例についての話し合い、人権を守る取り組みについての意見交換と講義
④互いがつながるために
　　住民のつながりをもたらすための取り組みについての話し合い、各地の事例紹介と講義

5 付記

プログラム進行上の課題
- 講師とどのような打ち合わせをしますか。
- 席をどのように設定しますか。
- 学習参加者をどのようにして具体的に知りますか。
- 話し合いを好まない人をどのようにしますか。

学習における問題例A
- 以前は村の一定区域を「部落」と表現していましたが、最近は被差別部落にかぎって「部落」と言い、他のものは「集落」など別の表現をとることが多くなりましたが、このことをどのように考えますか。
- 部落問題などに対して、自分はそのようなことは気にしないという意見が出ることがありますが、このことについてどのように考えますか。
- 「手みじかに」という言葉は適切でないという意見が出されました。このことをどのように考えますか。
- 部落外の人が部落問題に取り組むことにはどのような意味があると考えられますか。
- 差別はいつの時代にもあるから、なくすことは無理だという意見がありますが、この意見についてどのように考えますか。
- 部落内外の結婚が多くなってきたから、部落問題は解決しているというとらえ方について、どのように考えますか。
- 就職試験や入学試験で受験者に家族のことを尋ねることを、どのように思いますか。
- 「自分を大切にすることが他人を大切にすることになる社会をつくる」という言葉がありますが、これは、どのような社会でしょうか。
- 部落差別と女性差別とで相通じるものにどのようなことがあるでしょうか。

学習における問題例B
　次のことについて、男女平等の観点から問題であると思うものに×を、問題ないと思うものに○をつけ、そのように判断した理由を言ってください。
1　生徒の出席簿で、男子が先にまとめられ、女子があとにまとめられている。

2　トイレが男女別々になっている。

3　宴会で、男性の会費が女性より若干高くなっている。

4　宿泊研修で出されるご飯の量が、男性にくらべ女性は若干少なくなっている。

5　法律上結婚が認められる年齢が、女性は16歳以上、男性は18歳以上になっている。

6　ある幼稚園で、女の子はスカート、男の子はズボンと服装が決められている。

7　電車に女性専用車が設けられている。

8　陸上競技や水泳が男女別におこなわれている。

9　公衆浴場が男女別になっている。

10　自治体の審議会において女性委員の占める比率を定めて、それ以上に増やすよう促す。

参考文献

- 日本社会教育学会編『成人の学習』東洋館出版社
- 日本社会教育学会編『現代成人学習内容論』東洋館出版社
- 上杉孝實監修、部落解放・人権研究所編『生きた学びを創る』解放出版社
- マルコム・ノールズ／堀薫夫他監訳『成人教育の現代的実践』鳳書房
- シャラン・B・メリアム他／立田慶裕他監訳『成人期の学習』鳳書房
- ジョン・デインズ他／小川剛他訳『おとなが学ぶときに』全日本社会教育連合会
- 三輪建二『おとなの学びを育む』鳳書房
- 赤尾勝己・山本慶裕編『学びのデザイン』玉川大学出版部
- おとなの学び研究会編著『おしゃべりの道具箱』解放出版社
- ピーター・ジャーヴィス編著／渡邊洋子他訳『生涯学習支援の理論と実践』明石書店

部落問題学習を進めるうえで必要な基礎知識

森　実

はじめに

　ここでは、部落問題学習を進めるうえで必要となる知識について述べることにしたいと思います。大きく分けると、部落問題そのものについての知識、市民の抱いている部落問題への疑問や姿勢の二つになります。いずれも、部落問題について学習を進めていくうえで不可欠の知識だといえます。ぜひ、末尾にあげる参考図書をごらんいただいて、自分の知識・情報を更新していただきたいものです。

1 部落問題についての知識

　部落問題について重要な知識・情報は、現状の認識、歴史観の発展、行政施策の変化などになります。これに加えて、市民の部落問題についての認識や意識がポイントとなるのですが、これは次の項目で述べることになるので、ここでは省きます。

①部落差別の現状

　部落差別のとらえ方により、部落差別の現状として何をあげるかはちがってきます。部落差別のあらわれとして多くの人が思い浮かべるのは、結婚差別や就職差別でしょう。しかし、それだけが部落差別ではありません。

　1965年に出された内閣同和対策審議会答申では、結婚差別や就職差別を「心理的差別」のあらわれとし、部落の住環境の劣悪さや失業率の高さ、高校や大学への進学率の低さなどを「実態的差別」としています。答申では、心理的差別と実態的差別が相互作用して部落差別を存続させているとしたのです。

　その後の1969年に「同和対策事業特別措置法」が制定されましたが、この法律が取り組むべき対象としたのは、このうちの実態的差別だけでした。それで、同和対策事業の対象地区を指定し、その範囲内で住宅建設、学校や保育所の建設、教育集会所や隣保館の設置などを進めたのです。

　2002年３月をもって同和対策事業（後の地域改善対策事業）の裏付け法は失効しました。それ以後は、基本的に同和地区に対する特別措置はなくなったのです。これは次項の市民の意識で説明するところですが、この同和事業については市民の疑問が多く出されていま

す。答申のいう実態的差別を差別ととらえる視点が市民の間で弱いことが大きな原因の一つです。

　さて、同和対策事業が終わった現在でも、残念ながら部落差別は存在しています。一つは答申のいう心理的差別です。2000年におこなわれた大阪府の実態調査によると、1990年代には、それ以前よりも多くの結婚差別（相手が部落出身であることを理由とする結婚への反対）が発生しています。
　実態的差別についても、学力実態、進学率、高齢化の進行、情報格差の拡大など、残された課題や新しく生まれた課題は大きく存在しています。同和対策事業によって最も改善されたといえるのは、住環境でしょう。大阪などでは市営などの集合住宅が建設され、府民の平均的な住宅の広さの住居が多くを占めるようになっています。しかし、それ以外のところでは、格差が存続している面が大きいといえます。問題の一つは、そのような実態が2000年頃の調査では浮き彫りになっているにもかかわらず、法律の失効以後、同和地区にあらわれる実態的差別に関する調査があまりおこなわれなくなっていることです。

　心理的差別や実態的差別以外に、差別のとらえ方が深まるもとで、新たにとらえるべき実態が指摘されています。たとえば、最近では部落出身の若い人たちは、調査によると5人のうち4人程度が部落外の人と結婚し、5人のうち1人ぐらいが同和地区の人と結婚しています。そして、同和地区外の人との結婚のうち4組に1組ぐらいが反対にあっています。つまり、部落出身の若者にとって結婚差別とは友人5人のうち1人は出合っている差別なのです。
　この調査は現在結婚しているお二人に、今の結婚をめぐる周りの反応を確かめた調査なので、それぞれの人が恋愛や結婚のなかでどれほど差別を経験しているかを示しているわけではありません。5人のうち1人というのは、言い換えれば、もしも部落出身の一人の若者が5回恋愛をすれば1回は差別に出合うということを意味しているともいえます。部落の若者にとっての結婚差別とは、それぐらいのリアリティをもっているのです。
　その一方で、部落外の若者にとって結婚差別はほとんどリアリティを感じられないことが多いものです。部落出身者を仮に人口の1％と考えてみましょう。そのうち5分の1は部落の人と結婚していますから、部落外の若者が部落の人と結婚することになる可能性は単純に考えれば0.8％ということになります。そのうち、結婚差別に直面するのは4分の1ですから、比率でいえば0.2％ということになります。500人友だちがいたら、そのうち1人が結婚差別を体験するかもしれないという割合になります。
　部落の若者にとっては友だち5人に1人なのに、部落外の若者にとっては友だち500人に1人なのです。
　このようなギャップからいわゆる温度差が発生します。たとえば、部落出身の若者にとっ

ては「差別にあうかもしれない」という思いが生まれやすいのに対して、部落外の若者にとっては「結婚差別なんて今どきないよね」という思いになりやすいのです。だから、結婚差別を気にするような発言を聞くと「気にしすぎ」とか「被害者意識が強い」などと思うことがあるのです。そういう発言に出くわす可能性が少なからずあることを知っているだけに、部落出身者の側は自分の出合ったできごとについて「これは差別ではないか」とは言いにくくなります。問題提起すれば、浮き上がってしまうおそれが大きいということです。

　本来、結婚にあたって、「自分に責任のない事柄で反対を受けるのではないか」といった心配など、せずにすむことが当たり前であるべきです。その当たり前であるはずのことが守られていないために、差別を受けても告発しにくいという具合に、差別を受けやすい人の側に負担が二重・三重にかかるということになります。部落出身者だけではなく、家族にかかわって「反対されるのではないか」という心配につながる要素がある人にとっても同じでしょう。

　社会生活全般についてそうですが、とりわけ学習の場では、このようなギャップを的確にとらえて進める必要があります。

②歴史観の発展

　部落差別にかかわる第二の領域は、部落問題の歴史についての認識です。この30年ほどの間に、部落問題の歴史をどうとらえるかはかなり変化してきました。

　たとえば、「士農工商」や「士農工商えたひにん」という言い方で江戸時代の身分制度を学んだ人は少なくないと思いますが、現在の小学校や中学校の社会科教科書は、そのような説明の仕方をしていません。現在の歴史学において江戸時代の身分制の基本は、武士と百姓と町人なのです。町人とは城下町など町に住んでいる人です。百姓とは、それ以外の所に住んでいる人で、農業従事者だけではなく、漁師（りょうし）、猟師（かじや）、鍛冶屋などの職人、廻船（かいせん）問屋（どんや）などの商人も含まれます。「士農工商」という枠組みで考えていると、江戸時代という社会のとらえ方をまちがってしまうのです。

　「えた」という呼称についても、これは当時の人たちにとって差別の意味あいが強くて、呼ばれる当事者の拒否感が強くありました。そこで、歴史を学ぶにあたっても「えた」ではなく「かわた」とすべきだという意見が強まりつつあります。

　江戸時代の被差別部落のおもな職業とされているのは農業です。それ以外にさまざまな職人仕事があります。斃（たお）れ牛馬処理は仕事というよりも役務（えきむ）として課せられていたというべきで、大坂の渡辺村など皮革の集散地となっていた被差別部落を除けば、これに関連する収入はごく限られていたといわなければなりません。

　また、江戸時代の被差別部落について、経済的に貧しかったという説明はなくなっています。現在までの証拠が示すところによれば、江戸時代の被差別部落は、他の地域よりも

むしろ経済的に豊かだったと考えられるからです。

そのような経済的豊かさが掘り崩されていくのは、明治時代になってからのことです。いわゆる「解放令」が1871年に出されたことにより、「身分職業とも平等たるべきこと」とされましたが、社会的な差別はすぐになくなったわけではありません。むしろ社会的な差別の波が露骨に押し寄せて影響を及ぼすようになったというほうが正確です。たとえば、誰かに雇ってもらおうとしても雇ってもらえませんでした。皮革関連の仕事にも、政商などが進出してきます。とくに渡辺村のように皮革に依存する度合いの高かった被差別部落では、明治になってから急速に貧困化していったことが知られています。

明治になって資本主義化が進むもとで発生した貧困化、社会的差別の激化、教育や収入など部落内外の格差拡大などは、近年ではあまり知られていないようです。1960年代までそのような厳しい状況が続いていたことが知られていないために、そのあとの同和対策事業の意味も正確に受けとめられていないというべきでしょう。

③行政施策の変化と課題

すでに述べたように、2002年3月をもって同和対策事業の裏付けとなっていた法律が失効しました。基本的にその時点で同和対策事業はなくなったことになります。ところが、そのことがあまり知られていないといわなければなりません（この点については、あとでふれます）。けれども、自治体によっては、必要に応じて何らかの特別措置を継続している場合があります。住民は、自分の住む自治体での動きを反映して、いろいろな意識を形成している場合がありますから、それぞれの自治体で、そのような動きがあるのかどうか、可能な範囲で調べておきたいものです。

2 部落問題をめぐる市民の意識

部落問題をめぐる市民の意識も、変化した部分と変化しない部分があります。ここでは、次の3つの領域について、大阪府の調査を中心に意識調査の結果を見ておきたいと思います。各地住民の意識についても、それぞれの自治体などでおこなっている意識調査をご覧ください。

①「寝た子を起こすな」論

「寝た子を起こすな」論とは、「部落差別など、教えずにそっとしておけばなくなるのに、なぜわざわざ教えるのか」という疑問のことです。学問的にこれを提唱する人はいませんが、市民の意識調査によれば、3〜4割程度の市民がこう考えています。

1993年に日本政府が全国の意識調査をおこなっています。この調査で、部落差別をなくすための方法として諸項目のうち3項目まで選べる複数回答として尋ねたところ、「同和

問題のことなど口に出さず、そっとしておけば、差別は自然になくなる」という選択肢を選んだのは、同和地区内住民では11.8％にとどまるのに対して、全国の同和地区外住民では34.8％、全国のうち同和地区のある36府県の同和地区外住民にあっては37.8％にのぼります。2010年の大阪府民調査においては、「同和問題を解決するために、次にあげる施策や対応は、どの程度効果的だと思いますか」と尋ねて、9つの項目それぞれについて判断してもらっています。その結果、「同和問題や差別があることを口に出さないで、そっとしておけばよい（自然に差別はなくなる）」という項目について、「非常に効果的」または「やや効果的」を選んだ人が回答者のうち34.8％います。

　ところが、2000年に大阪府でおこなわれた府民意識調査によると、この疑問を解消するような学習をしたことがある人は、回答者の3％程度にとどまります。つまり、疑問をもつ人に比べて、学んだことのある人の比率が10分の1以下だということです。積極的にこの疑問にこたえる学習活動を組む必要のあることがわかります。

②うわさへの対応

　「『部落の人は……だ』といううわさを聞いた」という話はあとを絶ちません。2000年におこなわれた大阪府民意識調査によると、「あなたは『同和地区の人はこわい』というような話を聞いたことがありますか」という質問に対して、57.6％の回答者が「ある」と答えています。また、2005年の意識調査でも、同様の質問に対して60.7％の回答者が「ある」と答えています。これらの調査では、「同和地区の人はこわい」という話を聞いたことがある人に対して「その話を聞いたとき、どう感じましたか」と尋ねていますが、その結果では、「反発・疑問を感じた」という人は、2000年調査では16.4％、2005年調査では12.3％にとどまっています。逆に「その通りと思った」という人は2000年調査で11.9％、2005年調査では12.2％となっています。

　さらに「そういう見方もあるのかと思った」という人は2000年調査では60.9％、2005年調査では62.5％となっています。そのようなうわさに対して批判的に受けとめる人は少数にかぎられていることがわかります。

　「うわさ」が差別やいじめなどとの関連で重要な意味をもつことは、暮らしのなかでも痛感することが多いといえるでしょう。また、メディアリテラシーなどの流れで「うわさ」についての学習はさまざまに提案されています。部落差別にかかわる「うわさ」に焦点を合わせつつ、幅広く「うわさ」について考え、しかるべく行動するための学習が必要です。

③「逆差別」論

　ここでいう「逆差別」とは、「同和対策事業などにより同和地区のほうが手厚くされており、今では逆に同和地区外が差別されているようなものだ」という主張を指します。このような考え方は、根強く存在しています。同和対策事業が基本的に終了して10年がたと

うとしている現在でも、親など身近な人からそういう意見を聞かされている若者が少なからずいます。

　意識調査の報告書を見ても、この問題は無視できないということが浮かび上がります。たとえば2000年の大阪府民調査では、「あなたは、今日でも、同和地区出身者に対する差別があると思いますか。あると思う場合、それは何に原因があると思いますか」と質問し、13の選択肢を設けて複数回答で尋ねています。これに対して49.9％の回答者が「同和地区だけに特別な対策をおこなうから」と答えており、この項目は、さまざまな項目のなかで一番比率が高くなっているのです。

　別な質問では、「あなたは、同和対策がやりすぎであるとか、不公平である、というような話を聞いたことがありますか」と質問しています。これに対して「ある」と答えた回答者も、50.0％に達します。2005年の大阪府民調査では、同和対策事業の裏付け法が失効したあとだったこともあって、この項目は選択肢として設定されていませんでした。しかし、自由記述のなかでは、寄せられた914件のうち「同和地区は優遇されている、逆差別になっている、保護されている、行政は支援しすぎ」といった内容が201件と、分類されたなかでは最も多くなっています。調査により質問項目の設定など調査方法にちがいがあるとはいえ、同和対策事業がなくなった現在にあっても、「逆差別」という意識の根強いことがわかります。

　部落差別にかかわる特別措置は基本的に終了していますが、現在でも、女性や障がい者、アイヌ民族などにかかわる特別措置がおこなわれています。それらにも関連して、特別措置とそれに対する疑問にこたえる学習が期待されているといえるでしょう。

　これら以外にも、注意しておくべき事柄はさまざまにあります。

　たとえば、上のような意識は調査をするから出てくる面があって、普段からいつもいつも意識しているわけではない場合も多いということです。部落差別について身につまされて考える必要を感じておらず、被差別部落についてもぼんやりとしたイメージしかもっていないことが多いのです。そのような状況のときに、上にあげたような意識をもっていることを前提に進めてしまうと、学習にきた市民にとっては、自分たちの意識を決めつけられていると感じてしまうおそれがあります。上のような意識が調査結果から出てきていることを受けとめつつ、それぞれの場に来ている学習者に即した進め方が求められるといえます。

　その場の学習者がどのような疑問を抱いているのかを把握したうえで、それにこたえるような学習が不可欠だということです。

　たとえば、重要な疑問の一つは「今どき部落差別などあるのだろうか？」という疑問でしょう。もしもそういう疑問が出されたなら、現在各地で起こっている差別事象を紹介したり、地域の生活実態にあらわれた差別について論じたりすることが必要です。あわせて、

参加者の間で「部落差別との出合い」を語り合うことができれば、現在も部落差別が歴然と存在することがおのずから浮き彫りになることがあります。

参加者の一人ひとりが語り始めることによって、他の人が記憶をたどり、部落差別と関連する体験を心の奥から引き出し合うことができます。それを言葉にして交流することにより、部落差別の存在が学習者に即して明確になるのです。そのうえで部落差別に向き合う学習を組み立てれば、その学習の成果は上がりやすいといえるでしょう。ただし、このような学習を組むには、学習者が実生活のなかである程度の集団的性格を形成しており、普段からある程度の信頼関係があり、お互いの意見を誠実に受けとめ合える関係が必要です。

参考図書
- 編集委員会編『知っていますか？　部落問題一問一答　第2版』解放出版社、2002年
  部落問題の実態や歴史など、よくある質問に丁寧に答えている。
- 大阪府人権協会編『結婚？　幸せ』大阪府府民文化部人権室、2003年
  2000年の大阪府民調査から浮かび上がった結婚差別に関する学習プログラム。
- 奥田均『データで考える結婚差別問題』解放出版社、2002年
  結婚差別の現状と課題を、大阪の2000年調査データを通して明らかにする。
- 奥田均『結婚差別－データで読む現実と課題』部落解放・人権研究所、2007年
  前著を受け、さらに他府県の調査結果をあわせて結婚差別の現状を明らかにする。
- 大阪府人権教育研究協議会編・発行『まち　ひと　くらしvol.3』2011年
  今こそ改めて小・中学校での部落問題学習を創造しようと編集された本。
- 人権学習カリキュラム検討委員会編『人権学習プログラムづくりの原理』大阪府府民文化部人権室、2006年
  ポイントを絞り込んで人権学習プログラムを創る論理を明快に論じている。

参加体験型学習における「感情」

大谷眞砂子

1 感情とは何？

私たちは日々、感情とともに生きています。

でも、改めて「感情とは何？」と問われてみると、答えることは容易ではありません。

「感情の豊かな人」

「感情的になってはいけない」

「感情に振り回されず、理性的に判断するべき」

これらが感情をどのようにとらえているかを想像すると、感情とは具体的なできごとや体験が引き起こした"気分"であり、"反応"であり、時には"衝動的"な行動としてあらわれるもの、理性に比べて劣る、調整のむずかしいものでしょうか。

確かに「感情」には、目に見えない心のなかで起こり、時には、思うようにならないやっかいな存在という側面があります。

しかし、だからこそ感情を知ることは、自己理解や他者理解、共感や深い気づきにつながるのです。

また、気持ちをわかってもらえた、ともに怒りがこみ上げる体験によって出会えたなど、感情が伴った深い共感などの出会いの喜びはとても大きいのです。

2 感情が出合う場所

参加体験型学習の場は人が出会う場所です。

そこでは、それぞれちがう体験・考えをもった人びとが集まります。それは、記憶や現在の状況も含めてそれぞれの感情や、感情の抱え方が集う場所でもあります。

これらの「個人の感情」、その集団として互いに影響される「場の感情」、進行役である「ファシリテーターの感情」が意識されずに出合っているのです。

不安そうな表情やぶぜんとした表情を見せる参加者に出会うことがあります。ワークショップが初めての人、経験はあるがワークショップが嫌いな人、話すことが苦手な人もいます。そのような「個人の感情」を置き去りにして進行すると、不安が「場」に波及することもあります。

ファシリテーターは「話したくないことは話さないでいい」「『聴くだけ』などといった参加も尊重して進行したい」と伝えることができます。
　基本的には参加者の自己決定を尊重することです。個人のあり方を尊重する姿勢そのものが、人権を学ぶことにつながります。
　時には節度をもったおしつけが参加者を動かすこともあるので、臨機応変に、人と出会うなかで起きることを楽しむというくらいでいいのかもしれません。
　場をつくるのはファシリテーターだけではありません。参加者どうしのかかわりで、表情がほぐれ、会話を楽しむようすが見られることもよくあります。

3 感情と行動

　人権の学びの大きな課題である「行動の変化」には、感情が大きく関与するといわれます。
　頭ではわかっているけれど、気持ちが納得しないと行動は変わらないのです。
　感情の動きは、一人の人間が他者や物事をどうとらえているかを示しています。
　そこから自分の価値観や考え方の枠組みに気づくことができます。
　感情と向き合うことで、この枠組みを認識し、受けとめ、理解することが「行動の変化」の原動力になるのです。

　ワークショップの場では、参加者が多様で、それぞれちがうことから学びは深まりますが、このちがいが感情的な軋轢（あつれき）を生むこともあります。
　でも、見方を変えれば、軋轢や対立は、深く交流し、考える機会が得られたともいえます。
　気持ちを「私メッセージ（私はこう思う・こう感じた）」で伝えるとともに、そのときの感情に注意を向けることで、参加者にとって学びを深める機会になります。

4 感情と変容

　人は互いに未熟で、未完成で、だからこそ出会い学ぶことができます。
　また、人は、安心できる場で一番よく学ぶといわれます。
　安心できる場で、知恵や経験を出し合い、協働作業を通して人と出会うことで、自分を含めた人の可能性を信じることができたとき、人は心から「変わりたい」と感じるのかもしれません。
　そして、これが、参加体験型学習で人権を学ぶということなのです。

社会構造と特権

栗本敦子

1 人権は誰の問題？

「私は差別したこともされたこともありません」

人権をめぐって、こうした言い方に出合うことは少なくありません。

この言葉の先に続くのは、「私は人権問題とは関係がない」「(差別とは関係なく生きているので)人権を学ぶ必要はない」といった考え方です。人権が人ごとになってしまっているのです。こうした考え方について、はたして、本当に「差別することもされることもなく(差別とは関係なく)生きていく」ことは可能なのでしょうか(「人権＝人権問題・差別」ではない、ということもあるのですが、ここではおいておきます)。

反論の一つとして、「いや、差別と関係ない人はいない。あなたのなかにも偏見があり、知らず知らずのうちに差別している」といったものがあります。しかし、こうした指摘を素直に受けとめて、「偏見をなくすように、もたないように心がけよう」と前向きに考える人は少ないでしょう。完全に偏見から自由な人などめったにいないでしょうから、自分の偏見に気づいて後ろめたさや罪悪感にさいなまれるか、逆に「私は偏見などもっていない」と正当性を言い張るかになりがちです。いずれにせよ、この反論の仕方では人権を自分の課題としてとらえ、問題解決に向き合う姿勢にはつながりにくいようです。

では、どうしたら人権を人ごとにせず、自分にもかかわりのある課題としてとらえることができるようになるのでしょうか。そのキーワードとなるのが「社会構造」です。

差別を「する／しない」という個人の行動として考えるのではなく、差別が「ある」という社会の現実から考えます。私たちは、誰もが社会の一員です。その社会には差別がある。つまり「差別のある社会」の一員なのです。そんな社会の一員であるのは、けっして心地いいものではありません。だから、「差別のない社会」を、私たち一人ひとりがつくっていく必要がある。社会から差別を「なくす」ために行動するのでないと、「差別のある社会」を受け入れることになってしまうのです。

差別を「すること」という軸でとらえると、「差別する／しない」「差別される／されない」の選択の組み合わせから、「差別しない」＋「差別されない」という立場が生じます。けれど、差別を「あるもの」ととらえると、「差別のある状態(社会)にどう向き合うか」という問いになります。人権は「差別する人」や「差別される人」の問題ではなく、私たちが社会にどう向き合うか、どんな社会をめざしたいのか、という問題になるのです。

2 構造的暴力

平和学という分野でヨハン・ガルトゥングが提唱した「構造的暴力」という概念があります。

戦争がない状態を平和といえるのか、というとけっしてそうではなく、たとえば開発途上国では貧困のためにたくさんの人が死んで

> **構造的暴力** 直接的に暴力がなくても、ある人に対して影響力が行使された結果、その人が現実に肉体的・精神的に実現しえたものが、その人のもつ潜在的実現可能性を下回った場合、そこには暴力が存在する。
> （ヨハン・ガルトゥング）

いくような状態があり、とても平和とはいえない。戦争のような「直接的暴力」のみが暴力なのではなく、社会構造のなかに組み込まれている不平等な力関係や経済的搾取、貧困、格差といったものも構造的な暴力である、というとらえ方です。ある人が、その人の可能性としてもっている力を十分に発揮できないような状況があるとしたら、そこには「構造的暴力」があると考えます。そして、直接的暴力と構造的暴力は相互に補完し合っています。構造的暴力が具体化したものが直接的暴力であり、直接的暴力を支えているのが構造的暴力なのです。

人権について、社会の構造からとらえようとする、ということは、差別という直接的暴力を支えている構造的暴力を明らかにする、ということでもあります。

3 自分の立場を知る

社会の構造をとらえようとするとき、自分を社会の外側において眺めることはできません。

おおむね、多数派が主流となり、社会の中心に位置します。少数派は非主流として、社会の周辺においやられます。

自分が社会の構造のどこに位置しているかをふりかえることは、とても重要です。が、けっして単純なものではありません。私たちにはいろんな側面があり、ある側面については多数派であったとしても、別の側面については少数派でもあり、多様な側面の組み合わせによって、その人の社会のなかでの立場が形づくられます。あらゆる側面について、常に多数派である人、または少数派である人など、いないといってもいいでしょう。

とはいえ、「みんな多数派だったり少数派だったりするのだから、お互いさま」というようなものでもありません。多様な側面の組み合わせの結果として、今の社会のなかでより中心に近い立場と周辺的な立場が生じ、その立場によって、生きやすさや困難との出合い方の差が、現実にはあります。立場を知るということは、「いろんな立場のちがいがあるよね」というだけではなく、立場のちがいがどんな問題につながっているか、問題を見

るときの視点にどう影響しているかを知ることでもあるのです。

どんな立場にあるかは、「いい／悪い」ではないですし、比較するものでもありません。自分の立場を知り、引き受けること、その立場からできること・すべきことを模索していくことが大切です。

> 民主主義は、権力の等分と均衡を通じて機能する。しかし権力は、規則によって均衡が保たれるようなものではない。民主主義は自覚を必要とするのである。（中略）
> いかなる力であれ、善し悪しは別に、もし自覚されなければ、抑圧的かつ有害なものになるだろう。通常は表現されることのない暗黙の前提の背後には、「主流派」の隠れた力が横たわっている。（中略）主流派の権力は、しばしば潜在的かつ無意識的である。
> （アーノルド・ミンデル『紛争の心理学』講談社現代新書、2001年）

4 特権

「特権」という言葉から、どんなことがイメージされるでしょうか。ワークショップで問いかけると、「特別な権利」「一部の人だけがもっているもの」「いろいろと得をすること」「うらやましい」といった答えがかえってきます。自分は特権とは縁がない、と感じている人も多いと思います。しかし、私たちのほとんどは、社会的な立場にともなって何らかの特権をもっています。多数派・主流派としての側面で得ている社会的有利性がある、ということです。

特権をもっている、有利性がある、といわれても実感がない、と思われるでしょうか。その「実感がない」ことが、まさに特権なのです。

少数派・非主流派の側は、自分の立場や不利であることをいやおうなく意識させられている。それを裏返していうと、多数派・主流派側の立場には特権があるといえるわけです。

例をあげてみましょう。

- 車いすを使用している障がい者は移動の自由が制限されている場所がまだまだ多い。健常者は自由に移動できるという特権がある。
- 同性愛がからかいの対象となったり、おもしろおかしく扱われる場面は身の回りにしばしばあるので、同性愛者は自分の性的指向を意識せざるをえない。異性愛者は、自分の性的指向を自然で当たり前のこととして、特別に意識しないでいる特権がある。
- 少なくとも今の日本の社会では、結婚に際して女性は姓を変えることに伴う手続きなどの負担か、姓を変えないでいるのはなぜかと尋ねられる負担がある。男性は結婚に際して、姓についてわずらわされることはほとんどない、という特権がある。
- 部落出身者は、親しくなった相手に、自分の出自を知らせるかどうか、知らせないことが隠していると思われないか、知られたら関係がどう変化するか、といったことを考える。さらに、そうしたことを考えるのは神経質すぎる、と言われることもある。部落出

身でない人は、そうしたことを煩悶せずにいられる特権がある。

　人権課題に関して、その課題の当事者がどんな不利益をこうむっているか、どんな困難を強いられているかということはよく語られます。しかし、それでは当事者以外の人にとっては「大変なんだなあ」「かわいそうに」、へたをすると「自分は当事者でなくてよかった」という感想になりがちです。人権を人ごとにしない、というのは自分を主語にして語るということです。当事者ではない側が、「私には、〇〇の特権がある」と自分を主語にして語ることは、その課題を「我がこと」ととらえることです。社会の構造を知り、自分の立場をひきうける、ということは、「特権」を自覚することでもあるのです。

　「特権がある（特権をもっている）」という言い方だと、自分の立場を非難されているように感じる、という人もいます。しかし、差別される側がなりたくてなったのではないのと同じように、特権をもつ側にもなりたくてなっているわけではありません。今の社会の構造のなかで特権を「もたされている」といえます。「私はそんな特権はいらない、手放したい」と思っても、立場についてくるものですから、そういうわけにもいきません。

　大事なのは、自分の有利性や力をどう使うかということです。差別のある、不公正な社会の構造を変えるためにこそ、特権＝力のある側が積極的に役割をはたさなければならないのです。役割を果たすことの第一歩として、そして最も重要なことは「知ること・学ぶこと」です。多数派・主流派の側の最大の特権は、「特権があることを意識しなくてすむこと」なのですから。

> ＊特権とは、権力である……特権はあらゆる種類の権力となってあらわれ、肯定的にも否定的にも使われ、個人や場のあり方に影響する。
> ＊特権はユニークである……特権の構造は組織によって異なる。
> ＊心理的特権と実際的特権……特権が問題になるのは、実際にどう作用するかだけではなく、どのように受けとめているかも重要である。
> （ADL〈Anti-Defamation League、反差別同盟〉による多様性教育プログラムの資料より）

5 ファシリテーターとして

　人権のワークショップにおいて、ファシリテーターが自分の社会的立場を知っておくことは不可欠です。参加者にはさまざまな人がいます。お互いを鏡としながら、自分の立場をふりかえり、学び合える場をつくることがファシリテーターには求められます。大切なのは、ファシリテーター自身も、学び合う場の一人として、参加者に向き合うことです。

　ワークショップのなかでのファシリテーターの立場・特権も、考えておきたいことの一つです。ファシリテーターという役割であることで有利なことは何でしょうか。ファシリテーターとしてもっている力を、どのように使うことが一人ひとりが尊重された場をつくることにつながるでしょうか。

ワークショップのなかでの立場性や力関係と、社会全体を見たときの構造や特権、その両方を視野に入れて場をつくるのは、なかなか大変なことです。時には、厳しい指摘をうけることもあるかもしれません。しかし、違和感が水面下に隠されるのではなく、表明されるのは歓迎すべきことです。そうした指摘・違和感こそ、学びを深めるきっかけにしたいものです。

　誰もが人権を尊重され、力を発揮できる社会にしていきたい、ワークショップの場がその具体化であることをめざしたいものです。

●……参加体験型学習を実施する前に知っておきたいこと

● 参加体験型学習（ワークショップ）について

　参加体験型学習（ワークショップ）とは、単に知識を一方的に伝達する学習方法とはちがいます。その学びは、アクティビティと呼ばれる一つのまとまりのある学習活動（ゲーム的な活動や作業、対話など手法はさまざま）を組み立てて参加者に提供することで、問題を頭で理解するだけではなく、心の動きを受けとめ、体を使いながらトータルに学ぶことを大切にしています。

　人権侵害が起こるのは、地域・職場・学校など、さまざまな人がいる場です。それを解決するためには、知識を得るだけではなく、解決を進める態度やスキル（技能）を身につけることが必要です。そしてそれをもとに、社会における人権ルールをつくっていくことが大切であり、こうした実践的な学びのために、参加体験型学習は有効です。

　参加体験型学習については、「楽しかった」といった声がある一方で、「自己紹介したりしないといけないので、照れくさいし、緊張していやだ」「ゲーム的なことが多く、何のためにやっているのか、わからない」といった声も聞かれます。しかし、これらのことを通じて参加者どうしの関係性をつくったり、自分のことを相手に率直に伝える方法や相手のことを受けとめたりする「コミュニケーション能力」などを身につけるのです。

　まず自分自身で考え、自分なりの答えを探す。そして、参加者どうしで一定の方向性や解決策を探っていくこと。これ自身が人権学習を深めていくために有効な取り組みとして重視されているのです。

● ファシリテーターについて

　この参加体験型学習を進行・促進する人をファシリテーターと呼びます。ファシリテーターは、単に学習を進行するのではなく、学びを促進していく役割をもっています。参加者の状況に応じて、学習活動（アクティビティ）を用意し、進行しながら参加者の意見を引き出し、気づきを促しながら、学びを深めていきます。ファシリテーターは、参加者と対等な立場で、ともに学ぶという姿勢をもつことが必要です。

● ファシリテーターが大切にしたいこと
1　安心してチャレンジできる場づくりが必要

　参加者が自分の意見を出したり、活動したりしやすくするためには、参加者が「この場では自分を出していいんだ」と思えるように「安全」な環境をつくることが重要です。

その一つとして、学習をしていく際のルールを決めることが有効です。参加者から提案してもらいながらつくる、といったようにアクティビティとしてプログラムに組み入れる方法もありますし、ファシリテーターが提案して承認をもらう方法もあります。

また、学習の見通しを伝えたり、参加者どうしが知り合う機会を設けるなども必要です。

2　「癒やしの場」だけで終わらないように

一人ひとりを尊重することは大事ですが、学習が「癒やしの場」だけで終わっては、学びを社会における実際の行動へとつなげることにはなりません。参加者が、相手と自分とのちがいを見つけたり、それを主張する場合、時には居心地の悪さや不安を感じるかもしれません。しかし、現実の生活で問題を解決しようとすると、「受容」だけでなく、「対立」と向き合う姿勢とスキルがないと問題は解決しません。

ファシリテーターは、場の安全確保を前提に、目標に向けて適切な課題＝ハードルを設定し、ハードルをクリアしようとする試みを促し、ともに学びをつくり出すことこそが大切なのです。

3　「正しい」答えより、考えて取り組む過程を大切に

人権問題についてさまざまな状況がある現実のなかでは、学習によってすぐ答えが見つかるとはかぎりません。また参加体験型学習は、一つしかない正解を知る場ではありません。明確な答えを見つけられなくても、それを一緒に考えて取り組んだ経過（プロセス）や、その過程で自分を見つめる時間が大切なのです。

学習の答えは、参加した人の数だけあります。そこで出された多くの人の知識や経験、大切な事柄、そして人とのつながりが、これから人権に取り組むうえでの財産になるでしょう。

4　自分で決めることのできる場に

参加体験型だからといって、必ず発言しなければならないわけではありません。

自分を見つめた結果を人に伝えるか伝えないかは、本人が決めることです。特に人権啓発・教育では自己決定が大切なポイントですから、何を発言するか本人が決めることのできる、そういった配慮が必要です。

また、参加者のなかにはこれまで差別や暴力を受けた経験があるなど、つらい経験をした人が少なからずいるでしょう。つらい気持ちのままで無理に参加しなくてもいいので、できる範囲で参加することを伝えます。

さらに、確固とした信念をもっていて他の人の意見を聞かない人がいたら、その信念を認めながら、他の人の意見も聞いてみるよう働きかけます。ファシリテーターは、このような人もいる可能性があることを、あらかじめ念頭においておいたほうがいいでしょう。

5　参加者全員が参加できる仕掛けづくりを

　参加者のなかには、話し始めると止まらなくなる人がよくいます。そのときは、ファシリテーターがある程度、1人が話す時間の目安を示しておくことが有効です。また、「他の人はどうですか」などと声をかけて、話し合いに介入することも必要です。

　1グループの人数が6人を超えると「聞いているだけ」や「話し続ける人」が生まれやすくなります。話し合いへの参加が均等になる人数である4人で1グループをつくるなどの工夫もしてみるといいでしょう。

　また、全体の人数は肉声で声が聞こえる程度の20人～30人が適しているでしょう。参加人数が多くなればなるほど、緊張感や構えができてしまい、自分を見つめ相手を大事にするコミュニケーションの実践はむずかしくなります。

6　参加者の動きに気を配ろう

　参加者どうしのコミュニケーションに気を配るためにも、ファシリテーターはペアやグループの間を歩き回ったほうがいいでしょう。そうすることで、次の学習の進行についての情報収集や、グループなど集団におけるコミュニケーションのアンバランスさへの指摘、議論を深める助けなどの助言をすることができます。

　そのときには、1つのグループに集中するのではなく全体を見渡すことが必要です。全体を見渡すために適しているグループ数は、5～7グループ程度でしょう。

7　気になる発言はみんなの課題へ

　学習では、参加者一人ひとりの発言にある「気づき」（疑問符なども含む）をみんなの課題として取り上げます。問題解決のために一般的な課題として話し合いの材料にすることで、学習で傍観者を生まず、内容も豊かなものになります。

8　差別的な発言や攻撃的な発言には

　人権問題を扱う学習のなかでは、時に差別につながるような発言が出たり、建設的ではない攻撃的な発言が出たりします。そのときも答えを急がず、他の参加者からの意見を出してもらいながら、参加者とともに考えていきます。プログラムの予定を変更して、その発言についての意見交換に時間をかけることも必要でしょう。

　しかし、あまりにも極端な発言であったり、意見交換をする時間がないときには、ファシリテーターの考えをきっちり説明したいものです。

9　学びの場を「現実」とつなげ、実社会の課題解決をめざす

　参加体験型学習が「楽しかった」という感想だけで終わることなく、学んだ内容が参加者の実生活をよりよくする一助になるためにも、学習活動の展開の最後に「現実」とつな

げる要素を必ず入れることが大切です。「学習活動で体験したことを社会におきかえるとどのように考えられるか」「感じたことや、気づいたことをもとに、これからできることは何か」といった問いかけは不可欠です。

　このことが、参加者に「学びの場への参加」から「社会への参加」を促すことにつながるのです。

　また、参加体験型学習は、自らと社会をふりかえるという学習プロセスを大切にします。

　学習のなかでは、思いがけない反応や受け入れがたい意見も出てくることがあります。出てきた現象だけを見て学習を進めるのではなく、その背景に何があるかまで思いをはせ、尊重することが大切です。

　学習の場は非日常であるかもしれませんが、けっして現実と切り離されているわけではありません。学びの場に参加する経験を通して実際の社会にかかわり、課題を解決していくことが学習の目的であることを忘れずに取り組むことが、学習後の生活を変えていく力となるのです。

● **ファシリテーターの心がけ**

1　参加者が主役

　ファシリテーターは大事な役割ですが、講演会の講師のように主役ではなく、あくまでも黒子です。進行がスムーズにいけば目立たない存在となり、意見を引き出す存在に徹します。

　またファシリテーターが正論をおしつけてしまうと、その場は円満に終わったとしても、学習後に参加者が行動を変化させることにつながることにはなりません。どんなプロセスであれ、自分自身で考え他者と意見を交わすことによってこそ、学びが自分の身につき、実際の生活での行動を変えていくことになるのです。

2　どんな人も、もともと力をもっている

　講師は知識をもっている「偉い」人、参加者は教えられるべき「わかってない」人という構図を学習の場で見るときがあります。けれども、どんな人も、もともと力をもっている存在です。まずは、その力を信じてファシリテーターが参加者に問いかけること。信頼こそが参加者の内側から学びを生みだすのです。

3　受け入れられなくても、まずは受けとめる

　学習を進めていると、ファシリテーター自身が受け入れがたいような発言が出てくるときもあります。自分とは相容れないような意見や発言には反論したくなることもあるでしょう。ファシリテーターだからといって参加者のすべてを受け入れる必要はありませんが、「そういう考えもあるんだ」と、まず「受けとめる」ことが大切です。そのうえで、その

発言を学びの教材として、目的達成のために必要な学習展開をおこなっていきたいものです。

4　参加者に、そして自分に正直に

ファシリテーターは参加者に正直であるべきです。自分では判断がつかないことや考えもしなかったことが学習の場で出る場合もあるでしょう。また、緊張してうまく進行できない場合もあるでしょう。そういったときの自分の状態を「考えたこともありませんでした」「今、とても緊張しています」といったように正直に参加者に伝えてもいいのです。

このようなファシリテーターの自己開示やともに学ぶ姿勢が、参加者が自分自身のありのままで参加してよいと思えることになり、参加のハードルを下げることにつながるのです。

5　一人でがんばらなくてもいい

ファシリテーターは、参加者から出た質問や意見にすべて一人で対応しなくてもよいのです。他の参加者を置き去りにして、一対一の対話になることこそ避けるほうがいいでしょう。傷ついたり、ひっかかったりする言葉や態度があった場合は、そのことが参加者相互の学びの機会となるよう、全体の課題とすることが大切になります。

＊プログラム編の人権概念と「参加体験型学習を実施する前に知っておきたいこと」の執筆にあたっては、人権学習シリーズvol. 4　『ちがいのとびら―多様性と受容』、人権学習シリーズvol. 5　『ぶつかる力　ひきあう力―対立と解決』、人権学習シリーズvol. 6　『同じをこえて―差別と平等』を参考にした。

●……人権・部落問題学習を参加体験型で進めるQ&A

　RAAPファシリテーター養成講座や、人権・部落問題学習を考える研究会などで出された疑問や悩みのうち、特徴的なものを取り上げています。
　疑問や悩みへの対応方法は一つではありません。それぞれに考えられるいくつかの対応策とそのうえでの注意したいことを示しています。

Q1
学習の場で誤ったうわさ（偏見）や、差別的な発言が出たらどうしたらいいですか？

A
①なぜそういった発言をするのか、その意図や背景をまず聴く。
例）「なぜそう思うのですか？　そう思う理由を教えてください」「建設的な学習をするためには、どういう方法がありますか？」など。
②自分と発言者とのやりとりにせず、参加者とも問題を共有する。
例）「今、このような発言がありましたが、みなさんはどう思われますか？」など参加者に問いを投げかける。
＊無視するのでも、発言を封じるのでもなく、ともに考えていこうとする態度が大切です。
③発言に対する私の考え（発言のまちがい）を伝える。その場合は「私は」を主語にする「I（アイ）メッセージ」で伝えるとよい。
＊「ファシリテーターは批判をしてはいけない」「中立でなければならない」＝差別的な意見をそのまま受け入れることではありません。人権学習の場が差別を容認する場にならないために、目的に即し自分も意見を伝えることは重要です。
④あえて保留にする、あるいは学習中にはその発言を取り上げない。
＊時間がないときや、進行上その発言を取り上げることができないときなどです。しかし、その発言には同意できない旨を添えて次に進むことがよいでしょう。

Q2
偏見や差別的な発言が出て、腹が立ち冷静でいられなくなったらどうすればよいでしょうか？（ファシリテーター、参加者両方）

A
①ファシリテーターの場合…自分の腹立ちを参加者に率直に伝える。そのうえで、参加者にもこの問題を問うて（共有して）いく。

②**参加者の場合**…なぜ腹が立ったのかを聴く。そのうえで、その問題を参加者と共有する。
③休憩をとるなど、間をおいて気持ちを整える。
* **ファシリテーターの場合**…普段から自分の「ホットボタン（それにふれると冷静でいられなくなるところ）」が何かを認識できているとよい。また、ホットボタンにふれた場合の、自分の気持ちの落ち着け方も考えておくと、いざというときに相手に対して過剰に攻撃的にならず対処できる可能性が大きい。

Q3

被差別当事者などから自分の思いの発言があった場合、その発言が止まりそうにない場合、「（当事者ではない）おまえに何がわかるのか」と言われた場合、どう対応すればいいでしょうか？

A

①立場のちがいを率直に受けとめる。
②そのうえ、差別をなくすための自分の思いを伝える。
③発言者と参加者に、差別をなくすという同じ目的のためにともにできることは何かを問いかける。
④被差別当事者などが自分の思いを話す時間が長い、あるいは学習内容とはちがうことを話し本来の学習内容をできなくなりそうな場合は、学習の趣旨を説明し、その発言を止めることも必要。時間や体制が可能であれば、講座終了後、再度お話をうかがってもよい。
* 怒りやいら立ちといったマイナスの感情の裏には、それをプラスにしていきたいという願いがあります。立場のちがいの表明は、関係性を切っていく表明ではないでしょう。発言の表面だけにとらわれず、ちがうからこそ豊かになれるヒントとして向き合っていくことが大切です。
* 被差別当事者などの思いが語られた場合、あとのフォローが必要です。投げかけられた私たちが「当事者」として考えていくべき課題だということや、自分の生き方として考えていきたいといったことをファシリテーターが参加者に伝えていくことが必要となってくるでしょう。また、それが思いを語った人の支えになるかもしれません。

以上のQ＆Aを通じて言えることは、困ったと思うできごとに対し、ファシリテーターだけで解決しようと思わず、参加者とともに考える姿勢をもつことが大切です。

人権学習で参加者が抱く疑問や葛藤は、講義形式ではその場で表面化することはほとんどありません。また、表面化しないだけで差別意識も含め、それがいつか消えてなくなるものでもありません。人権尊重の取り組みには、表面化しない意識をいかに変革していくかが課題の一つです。

ファシリテーターとしては、「問題なく」学習を終えたいと思うでしょうが、対話などといった相互発信の場がある参加体験型学習だからこそ、吐露された本音を学習の題材にし、建前で終わらない深い学びができるチャンスでもあるのではないでしょうか。
　前項の「参加体験型学習を実施する前に知っておきたいこと」も参考にしていただき、想定される事態とその自分なりの対応策を考えておくとよいでしょう。

もっと詳しく学ぶために

人権学習シリーズvol. 1　『結婚？　幸せ』2003年
人権学習シリーズvol. 2　『働く』2004年
人権学習シリーズvol. 3　『暮らす』2005年
人権学習シリーズvol. 4　『ちがいのとびら―多様性と受容』2007年
人権学習シリーズvol. 5　『ぶつかる力　ひきあう力―対立と解決』2008年
人権学習シリーズvol. 6　『同じをこえて―差別と平等』2010年
人権学習シリーズvol. 7　『みえない力―つくりかえる構造』2011年
人権学習シリーズ入門ガイド　『初めてのファシリテーター』2009年
『人権学習プログラムづくりの原理―人権学習カリキュラム検討委員会報告書』2006年
『人権学習のプログラムづくり』2006年
（いずれも財団法人大阪府人権協会編、大阪府府民文化部人権室発行）

編集委員会編『知っていますか？　部落問題一問一答　第2版』
奥田均『「人権の宝島」冒険―2000年部落問題調査・10の発見』
奥田均『土地差別―部落問題を考える』
奥田均『見なされる差別―なぜ、部落を避けるのか』
解放出版社編『INTERVIEW（インタビュー）「部落出身」―12人の今、そしてここから』
ひろたまさき『差別からみる日本の歴史』
内澤旬子『世界屠畜紀行』
楠敏雄・姜博久編著『知っていますか？　障害者の人権一問一答』
佐藤文明『知っていますか？　戸籍と差別一問一答』
仲原良二『知っていますか？　在日外国人と参政権一問一答』
梁泰昊・川瀬俊治『知っていますか？　在日韓国・朝鮮人問題一問一答　第2版』
丹羽雅雄『知っていますか？　移住労働者とその家族の人権一問一答』
森実『知っていますか？　同和教育一問一答　第2版』
（いずれも解放出版社発行）

編著者

一般財団法人 大阪府人権協会
被差別・社会的マイノリティの人権問題を中心に、人権に関する啓発と相談・支援、その人材養成とネットワークづくりに取り組み、人権が尊重される豊かな社会の実現をめざしている。2013年4月1日に財団法人から一般財団法人へ移行した。
〒552-0001　大阪市港区波除4-1-37　HRCビル8F
TEL 06-6581-8613　　FAX 06-6581-8614
URL　　http://www.jinken-osaka.jp/
E-MAIL　　info@jinken-osaka.jp

上杉孝實（うえすぎ たかみち）京都大学名誉教授
大谷眞砂子（おおたに まさこ）じんけん楽習塾
栗本敦子（くりもと あつこ）Facilitator's LABO〈えふらぼ〉
森　　実（もり みのる）大阪教育大学名誉教授

やってみよう！ 人権・部落問題プログラム――行動につなげる参加型学習

2012年2月29日　初版第1刷発行
2022年12月20日　初版第8刷発行

編著者　一般財団法人　大阪府人権協会©

発　行　株式会社 解放出版社
　　　　552-0001　大阪市港区波除4-1-37　HRCビル3F
　　　　　TEL 06-6581-8542　　FAX 06-6581-8552
　　　　東京事務所　文京区本郷1-28-36　鳳明ビル102A
　　　　　TEL 03-5213-4771　　FAX 03-5213-4777
　　　　　振替 00900-4-75417
　　　　　ホームページ　　http://kaihou-s.com

　　　　装幀・本文イラスト(23頁)　畑佐 実
　　　　本文レイアウト　伊原秀夫

印刷・製本　モリモト印刷株式会社

ISBN 978-4-7592-2346-0　NDC 379　73P　26cm
定価はカバーに表示しております。落丁・乱丁おとりかえします。

解放出版社

人権ポケットエッセイ２
明日（あす）を生きる
（財）大阪府人権協会編　発売元・解放出版社

Ａ５判並製　100頁　定価1200円＋税

各分野で活躍する24人が、〈人権教育〉〈いじめ問題〉〈働く〉〈就労支援〉〈ひとり親家庭問題〉〈同和地区のまちづくり〉など直面する課題について熱い思いと提言をつづった人権エッセイ集。　ISBN978-4-7592-6731-0

知っていますか？　一問一答シリーズ

Ａ５判並製　定価1200円＋税

*知っていますか？　部落問題一問一答　第3版
奥田均編著

「今でも部落差別はあるの？」「部落はいつごろ、なぜできたの？」など、よく聞かれる23の問いにわかりやすく答えた入門書。特別措置法期限切れ後の変化や課題も加えた新版。　ISBN978-4-7592-8279-5

*知っていますか？　同和教育一問一答　第2版
森　実

「同和教育とはなに？」「部落問題を学ぶ意味は？」「人権教育との関係は？」など20の設問と９つのコラム。　ISBN978-4-7592-8258-0

*知っていますか？　戸籍と差別一問一答
佐藤文明

「戸籍ってなに？」「住所と本籍の違いは？」「戸籍がつくる差別にはどんなものがあるの？」など23の設問と７つのコラム。　ISBN978-4-7592-8276-4

*知っていますか？　在日コリアン一問一答
川瀬俊治・郭辰雄編著

在日コリアンの現状と歴史を中心に、ヘイトスピーチにかかわる国内外の動き、民族衣装・キムチなどの文化についても、わかりやすく解説。初めての人、簡潔に知りたい方に最適。　ISBN978-4-7592-8284-9

*知っていますか？　障害者の人権一問一答
楠敏雄・姜博久編著

「障害者とはどのような人のことをいうの？」「どのような支援があれば地域で自立して暮らせるの？」など22の設問。　ISBN978-4-7592-8262-7